社会科学研究者のための

デジタル研究ツール活用術

アプリ・デバイスから生成AIまで、
生産性をあげるアカデミック・ライフハック

西川 賢
Masaru Nishikawa

弘文堂

社会科学研究者のための

デジタル研究ツール活用術

アプリ・デバイスから生成AIまで、
生産性をあげるアカデミック・ライフハック

はじめに

この本は研究者を志す人、すでに研究の道を歩んでいる人が研究活動をより効率的に進められるようにと願って書いたものです。

すでに、論文の具体的な書き方とか、学術論文で用いる英語、研究者のプレゼン術といった書籍は数多く刊行されています。むかし流行った小林康夫・船曳建夫編『知の技法』（東京大学出版会、1994年）のように、研究手法を初心者向けに紹介する本も多数出版されています。本書はそれら先行する良書の「後追い」を目指すものではありません。

あくまで、**学術活動に有益なツールの有効活用方法を提供するのが本書の目標**です。梅棹忠夫氏の『知的生産の技術』（岩波新書、1969年）という本がありますが、そこでは研究に必要なツールの活用術が記されています。とはいっても、そこで語られている「ツール」とは手帳やノート、カード、スクラップ・ブック、キャビネット・ファイル、タイプライターなど、現在ではほとんど活用されなくなったものばかりです。現代の学術活動の様式に合わせて、ツールの活用術もアップデートしなければならないのではないか──、そう思ってこの本を執筆しました。

ですので、たとえば「良い研究上のアイディアを得るにはどうすればよいか」という問題についてはジェームス・ヤング氏の『アイデアのつくり方』（今井茂訳。CCCメディアハウス、1988年）などの本をおススメします。また、作文術については木下是雄『理科系の作文技術』（中公新書、1981年）、三中信宏『読む・打つ・書く』（東京大学出版会、2021年）など、具体的な論文の書き方については、社会科学系に限っても、石井クンツ昌子『社会科学系のための　英語研究論文の書き方』（ミネルヴァ書房、2010年）や川﨑剛『社会科学系のための　優秀論文作成術』（勁草書房、2010年）など、優れた類書が数多く書かれていますので、そちらをご参照ください。英語論文の書き方や英語でのプレゼンについては、98頁のコラムで参考文献を提示していますので、そちらをご覧になってください。

研究者として生きることの意義、研究者のキャリアにまつわる苦労話などは、リチャード・ファインマン氏の本とか、今野浩氏の『工学部ヒラノ教授』シリーズ、藤原正彦『若き数学者のアメリカ』（新潮社、1977年）、マイケル・コヤマ『魂の流木』（西村書店、2010年）、G.H. ハーディ『ある数学者の生涯と弁明』（柳生孝昭訳。丸善出版、2014年）などを読むのがいいと思います。

では次に、**本書が想定している読者はどういった方々かというと、それはずばり、若手研究者、そして研究者を志望するポスドク・院生・学部生の方々**です。特に、第1章や第2章は学部の1年生に踏まえておいてほしい内容です。ゆえに、学部1年生向けの基礎授業でも本書を活用していただけるのではないかと思います。また、プロの研究者の方でも「これは知らなかった」という事項もあるかもしれません。本書はすでにベテランの域に達している研究者の方が読んでも得るところがあるのではないかと思います。

*

研究者にとって、最も重要なことはなんでしょうか。答えは人によって異なるでしょう。定職を得ることが重要だという人もいれば、研究資金を潤沢に得ること、本や論文を数多く公刊していくこと、世界のトップ誌に論文を載せることが重要だという人もいるでしょう。あるいは研究成果よりも、いかにワーク・ライフ・バランスをうまく均衡させるかが重要だという方もいるでしょう。
いずれにせよ、これらに共通する要素がひとつあります。それは、これら研究に不可欠な要素のいずれにも「コツがある」ということです。「コツって何よ？」と思う方々も多いでしょう。安心してください。本書は、「努力と根性と気合で乗り切れ。見て学べ。それがコツだ。以上！」という根性論、精神論の本ではありません。ましてや、筆者の研究者人生を振り返るなどというものでもありません（筆者の人生は振り返って自慢できるような手柄や出世とは全く無縁の人生です）。
この本は、**研究生活を円滑に行うためのツールとその使い方を教授するもの**で、いわば**「研究者のライフハック術」を読者に伝えるもの**です。それこそが、この本が読者に伝える「コツ」です。ライフハックとは「生活を便利にする知恵」とか「仕事術」といった意味であり、「いかに日常生活や作業を簡便かつ効率良く行うかを主眼としたテクニック群」を指していわれるものです。堀正岳『ライフハック大全』（KADOKAWA、2017年）という本がありますが、その中にはタスク管理や仕事の効率化、さらには日常生活・旅行に至るまでありとあらゆる知恵が詰め込まれています。対して本書は、研究のみに焦点を絞ったライフハックの本と言えるでしょう。
よく、（特に日本では）研究時間が足りない、研究ができないという「悲鳴」を聞きます。研究者を取り巻く研究環境がもっと改善されれば――というのは筆者自身も日々痛切に感じていることですが、これは日本という国の構造そのものに直結するような問題でもあり、一個人の努力でどうにかできるものでもありません。筆者にできることがあるとすれば、少ない研究時間を少しでも有効に活かせるような「コツ」を（特に若い方々に）お伝えしていくことぐらいです。

それを伝えることで、研究生活の効率化が図られ、少しでも時間節約・生産性向上が達成されれば日本の研究環境を改善することにもつながるかもしれない――そう思って、非常に微力かつ偉そうな試みに思われるかもしれませんが、この本を書く決意をしました。

*

この本の概略を以下に示します。

第1章では論文の探し方、論文の読み方、論文管理の方法を効率化するツールを紹介しています。どうやって自分の分野の最新論文を見つければいいのか悩んでいる学部学生さんや院生さんは、この章をまずはしっかり読んでください。ほかにも、研究費獲得の重要性やAIを研究で活用する際の倫理性の問題などにも言及しています。

第2章の前半では、学術論文執筆の基礎をなす調査活動を効率化するノウハウを扱っています。第2章の後半は論文執筆についてです。そこではデスク環境の構築から音声入力による執筆、生成AIの執筆への活用方法などを扱っています。この章は、初心者よりは実際に研究活動をすでに開始されている方に向けて書かれています。

続けて、第3章では学会活動に言及しています。学会加入や学会費用について、メモの取り方、QRコードの作成などの基礎的な話から、学会のDAO化やアカデキシット（研究者が大学などの研究機関を去り、民間にキャリアを求める現実のこと）の風潮、さらには生成AIを活用したスライド作成方法など、新しいトレンドにも触れています。これから学会デビューされる方だけではなく、すでに学会で活動をされている方にとっても、便利なTipsを発見できるのではないかと思います。

最後に第４章。第３章までが研究活動の効率化をテーマにしているのに対して、第４章ではスケジュール管理や授業などを効率化するノウハウを扱っています。スケジュール管理に悩んでおられる方、授業実施の効率化の方法を模索しておられる方、この章にヒントがあるかもしれません！

この本は第１章から順番に読まないといけないという類の本ではありません。どの章から読んでも結構ですし、必要と思われる部分だけをつまみ食い的に読んでいただくという使い方も十分可能です。ご自身の研究事情に合った使い方をなさってください。

――ということで、この本が読者の皆さまの研究人生にとって少しでも役に立てば望外の幸せです。

CONTENTS

はじめに

第1章 論文を探す、論文を読む

1-1：論文の探し方 2

1-1-1：国立国会図書館サーチの活用、アラート登録など 2

コラム 研究費を獲得するには 5

1-1-2：Consensus と Connected Papers を活用する 15

1-1-3：論文を入手する 18

1-2：論文の保存と管理 23

1-3：論文の効率的な読み方 30

1-3-1：DeepL（翻訳ツール） 30

1-3-2：DeepLの Google Chrome拡張機能を利用する 33

1-3-3：オンライン版 DeepLを利用する 35

1-3-4：自分の PCで DeepLを利用する 36

1-4：ChatPDFや SciSpaceを使って論文を要約する 36

1-4-1：ChatPDF 36

1-4-2：生成 AIが「生成」する問題　41
1-4-3：SciSpace　42

コラム　AIを研究で活用するのは倫理・法律に抵触しないのか？　44

1-5：論文の内容について詳しく調べる　47

コラム　ChatGPTに画像やPDFをアップして作業する　51

第2章　調査を行う、論文を書く

2-1：資料やメモを管理する　55

コラム　研究補助ツールあれこれ　59

2-2：クラウドワーカーと連携する─研究活動のギグ・エコノミー化？　60

2-3：クラウドソーシングの長所・短所　65

コラム　ChatGPTのアドオンあれこれ　68

2-4：論文を書く　69

コラム　ライターズ・ブロック　71

2-5：WordかLaTeXか　75

2-6：デスク環境の構築・執筆用機器の選択　76

コラム　iPadをどう使うか　83

2-7：音声入力で執筆する　85

2-7-1：音声入力技術を活用してみる：VoiceInの導入　85
2-7-2：VoiceInが使えない場合は？　88
2-7-3：音声入力に関する補足①：左手デバイスの活用　90
2-7-4：音声入力に関する補足②：Otterを活用したフィールドワーク　92

2-8：生成AIを執筆補助に活用する　95

2-8-1：生成AIの登場と論文執筆スタイルの変化　95

コラム　英語論文執筆補助ツールあれこれ　98

2-8-2：AIの活用方法・論文執筆で使う場合　100
2-8-3：GrammarlyとChatGPTの利用（英語校正ツールとして）　101
2-8-4：ChatGPTの活用　103

2-9：英文校正の会社について　106

コラム　スクリーンショットを撮る　108
コラム　投稿先を見つける　109

第3章　学会活動で使えるツール活用法

3-1：学会に加入する　114

コラム　DAO化する学会　117

コラム　在野の研究者／アカデキシット　120

3-2：学会報告用スライドの効率的生成　123

3-2-1：学会報告のスライドを作る　123

3-2-2：スライドを生成AIで作成する　125

3-3：学会でメモを取る　132

コラム　Google Chromeのアドオン　134

3-4：学会で名刺を配るべきか？　136

3-5：学会大会を運営することになったら　138

3-6：オンラインで学会報告するときのコツ　141

第4章　研究生活をマネジメントする

4-1：スケジュールを管理する　146

コラム　メールを書く、英語で会話する　150

コラム　ほかの研究者とコミュニケーションをとる　157

4-2：大学授業のデジタル化への対応　159

4-2-1：オンライン／オンデマンド授業のやり方　159

4-2-2：生成 AI による不正をどのように防ぐか　164

4-3：授業で活用できるさまざまなツール　165

4-4：授業で AI を活用する　167

コラム　サイエンス・コミュニケーション／メディアへの出演　169

おわりに　173

コラム　「研究者」という生き方　175

参考文献　179

あとがき　183

索引　187

第 1 章

論文を探す、論文を読む

1-1：論文の探し方

それでは、さまざまなツールを利用して研究や授業を進めていくための冒険を開始しましょう。最初の一歩として、まずは論文を探すことから始めてみましょう。

1-1-1：国立国会図書館サーチの活用、アラート登録など

論文を探すとき、日本語で書かれた論文を探すならば、宮内泰介・上田昌文『実践・自分で調べる技術』（岩波新書、2020年）で述べられていることが、今でも基本ではないかと思います。

すなわち、まず「国立国会図書館サーチ」（https://iss.ndl.go.jp/）を中心に検索して、J-Stage（https://www.jstage.jst.go.jp/）や学術機関リポジトリ（IRDB）を補足的に用いて日本語の論文や雑誌記事、あるいは単行本を探すのが基本でしょう。

さらに、CiNii Books、カーリル、紀伊国屋やアマゾンなどのネット書店、「日本の古書店」などのネット古書店を併用すると単行本の発見・入手がやりやすくなるでしょう。データセットを探すなら、Googleが提供しているDataset Searchが便利です。

しかし、外国政治の研究などをしていると、先行研究が英語で書かれた海外ジャーナルに記載された論文しか存在しない、などということはよくあります。また、**海外の雑誌に論文を投稿しようと思うなら、フォーマットやレベルの確認も兼ねて海外ジャーナルに掲載された論文を読むことが重要**になってきます。

各専門分野の代表的なジャーナルとはどのようなもので、どれを

読めばいいのだろうか――そういう悩みを持つこともあると思います。ネットなどで検索すると（査読雑誌に見せかけ、実際には査読なしに論文を有料で掲載する、いわゆるハゲタカジャーナルのような）おかしなジャーナルなども出てきます。筆者のおススメは Clarivate 社が提供する **Journal Citation Reports（JCR）**を見てみることです。

試しに JCR にアクセスして筆者の専門である“Political Science”と検索すると、政治学のカテゴリーが出てきます。それをクリックすると、代表的な政治学の国際誌のランキングに移動できます。雑誌のランク、ISSN（刊行物を識別するための個別コード番号）、引用数、インパクトファクター（学術ジャーナルの影響度を見るための指標のこと）などが掲載されています。自分の関心の近そうなジャーナルを見つけたら、そのジャーナルのホームページにアクセスするなどして、どのような論文が掲載されているか、まずはじっくり見ていくとよいのではないでしょうか。

私が大学院に入学した 1990 年代の終わり頃だと、まだ JCR などはなかった気がします。筆者は、なんとなく有名そうな海外ジャーナルの論文が図書館の棚に最新号が配架されるのを待って、目次を見て、必要な論文をコピー機でハードコピーで複写していました。それをホチキスでとめて保管するのですが、これが一苦労でした。いざ自分の論文で参照しようとなると論文そのものが見つからなかったり、ページが欠けたりしていることがよくありました。コピー代もバカになりませんでした。今、こんな論文の探し方をしている人は（おそらく）あまりいないでしょう。

現在ではインターネットが発達しているので、製本版を待たずにオンラインで手早く論文を読むことができます。所属する大学の図書館が契約していれば、JCR などを手掛かりにして発見したジャーナル論文のPDFを手元に無料でダウンロードすることが可能だと思います。無論、ネット経由で個人的に論文のPDFを購入することも可能です。ただし、その場合、問題になってくるのが論文の「価格」です。

図：American Political Science Review の
論文購読画面のスクリーンショット

（出典：https://www.cambridge.org/core/ journals/american-political-science-review）

これは一例ですが、2023年4月末現在、政治学分野の国際トップ誌であるAmerican Political Science Review (APSRと略記します) からある論文をダウンロードしようとすると上に掲げたような画面が出てきます。すなわち、論文をダウンロードするのに21ポンド（執筆時の為替で172.1円）かかるということです。執筆時の為替で日本円に換算すると3614.1円です。当然ですが、円安が進んだりすると、よけい価格が上がることになります。

読者の中には「論文1本に3614円かかるのか。日本だとハードカバーの本が買える価格じゃないか」と思った方も多いでしょう。所属する機関の図書館の予算が苦しく、あまり多くの海外ジャーナルを契約できていない場合、自腹で論文を購入する必要が出てくるため、どうやって科研費などの競争的研究費を獲得するかという問題につながってきます。**研究には、本当にお金がかかります…。**

COLUMN

研究費を獲得するには

研究費を獲得することは非常に重要です。でも、カネがすべて、というわけではありません。研究費をコンテストのように獲得することが目的ではなく、あくまで目的は研究をすることです。カネは円滑に研究するための手段にすぎない、ということを忘れてはいけません。あくまで良い研究をすること、研究成果を出すことが重要ではないでしょうか。しかしながら、研究費がないと本も論文も買えません。国内や海外の学会に出張や資料調査にも行けません。研究設備を整えることも、補助員を雇うことも、分野によっては研究室に所属する院生さんやポスドクの方々に十分な研究費を支給できないということもありえるでしょう。

筆者自身、ポスドクや研究員時代は職に恵まれなかったこと、日本学術振興会の特別研究員に一度も採用してもらえなかったことなどもあって（今となってはうろ覚えですが、確か筆者の学術振興会 PD の評価には、「将来性」の欄に数年連続でひどい評価が付いていました。それでも教授になれましたし、本も数冊書き、海外ジャーナルから論文も複数公刊できる程度の「将来性」に恵まれました）、36 歳でようやく大学に移籍するまで、科研費には応募する資格さえない有様でした。せっかく海外学会に報告が採択されても、資料調査に行くにしても、すべて自腹でした。当時は子供が小さかったこともあって、生活が苦しかったことを覚えています。今となっては、単に懐かしい苦労話にすぎませんが。

研究費を獲得するのはコツがいります。正直なところ、このコツについては、研究者は（企業秘密なので）なかなか他人に教えようとしません(笑)。研究費獲得を目指す研究者がやるべきことは、まずは「情報を収集すること」です。科研費や学内研究費の応募〆切はいつか、必要な書類やメンバーは誰か、あらかじめ綿密にスケジュールを立てることです。また、周囲に自分が獲得を目指す研究費を過去に獲得した研究者がいる場合、話を聞いたり、可能であれば申請書を見せてもらうとよいでしょう。自分の申請書を添削してもらうのも効果的です。筆者の場合、こういうことを引き受けてくれる人がかつて周囲に誰一人おらず、ネットやSNS経由で情報を集め、科研費代表を自力で獲得できるようになりました。

どのような研究費があるのかについては、キーエンスが提供する e-GRANT（https://www.e-grant.jp/）や助成財団センターが発行している『研究者のための助成金応募ガイド』、科学技術振興機構のウェブサイト（https://scienceportal.jst.go.jp/funding）などを見るとだいたい把握できるかと思います。『研究者のための助成金応募ガイド』は 2021年を最後に発行されていないようですが、財団のウェブサイト（https://www.jfc.or.jp/）や財団が提供する助成情報 navi（https://jyosei-navi.jfc.or.jp/）も参考になるかと思います。

e-GRANT　科学技術振興機構　JFCウェブサイト　助成情報 navi

申請書の書き方にもコツがあります。そもそも研究内容がダメな申請書は採用されないと思いますが、逆に、研究内容が良くても調書の書き方がうまくないおかげで、審査員が研究の意義をはっきり理解できなくて落ちる、ということは筆者が過去に審査員を務めた経験上もありました。では、良い調書を書くのにはどうすればいいのか。最近は科研費の書き方を教授する書籍やウェブサイト（たとえば科研費.comなど。https://kakenhi.com/）が山のようにありますから、それらをできる限り読みまくってコツをつかむというのが正解だと思います。

近年、ジャーナル価格の高騰が問題になっており、エルセビア社（オランダに本拠を置くグローバルな学術出版社）などは――組織の規模や利用方法にもよりますが――数千万とか億単位（！）の購読費用を請求してくることもあるようです。カリフォルニア大学やドイツの学術機関がこれに疑義を唱えて出版社側と対立するというニュースが学術界を賑わせたこともありました。

ちなみに、現在では図書館に製本されたジャーナルが配架されるのを待って論文を読むやり方だと、タイム・ロスが大きいと思います。なぜならば、現在では新しい論文が査読をパスして受理・掲載決定されると、Online First（「オンライン先行掲載」という意味）とかEarly View（「先行公開」という意味）といった形で「オンライン先行」で論文が公開され、印刷を待たずに論文が読めるようになるからです。

つまり、**オンラインでジャーナルに先行公開された論文は、配信された５分後に世界の誰かがすでに読み終わっている可能性があります。要するに、あなたのライバルとなる世界の研究者は刊行後数分で論文を読み終わっているかもしれないのです。**同じ論文を読んで同じ着想を得るとしたら、ライバルよりも早いほうが有利なのはいうまでもありません。となると、かつてのように印刷・製本されたジャーナルが書架に配架されるのを待ってはいられません。オンライン先行で公表された時点で、可能であればさっさと読んでしまうべきです。

こう思った読者の方もおられるでしょう。「オンラインで先行掲載される論文、いちいち毎日ジャーナルのホームページを巡回してチェックしないといけないの？ 面倒だなあ」と。しかし、そんな面倒なことをする必要はありません！

図：政治学分野のトップ・ジャーナル、American Political Science Review の
OnlineFirst 画面。オンラインで先行掲載されたばかりの論文がズラリと並ぶ

（出典：https://www.cambridge.org/core/journals/american-political-science-review）

Online First で公開・配信になった論文をいち早くチェックするには、ジャーナルのホームページにアクセスして、「アラート登録」（新しい論文が出たらメールで知らせてもらえる仕組み）するか、のちほどご紹介する Researcher APP というアプリに登録して最新論文の情報をゲットすればいいのです。そして、アラートや Researcher APP に送られてきた最新の論文の要約をまず読んで、

内容が気になる論文があったら、ダウンロードするわけです。ちなみに、論文の要約だけざっとチェックしたいならば、30頁以下で後述するDeepLで機械翻訳したものを読むのでよいと思います。

先述したResearcher APPの使い方をご紹介しましょう。まずResearcher APPのウェブサイトにいって登録をします（https://www.researcher-app.com/）。あとは簡単で、左のサイドバーにある「Journals」で専門分野やキーワードを検索し、自分が希望するジャーナルについて、「Follow」ボタンをクリックします。そうすると、新しい論文が出るたびに情報が自分のフィードに流れてきます。左のサイドバーにある「Trending」をクリックすると、話題になっている論文が見られます。

無料公開になっている論文はそのままダウンロードすればいいですし、無料公開になっていないものは購入するか、自分が所属している組織の図書館経由等でダウンロードすればよいと思います。

また、Researcher APPを運営するResearcherはResearcher Liveという研究者によるライブ講演のようなものをホストしたり、Researcher Insightという各分野のトレンドに関するレポートのようなものを発刊したりしており、「サイエンス・コミュニケーションの場」としても機能しているようです。

自分が専門とする分野とその周辺分野・関連分野のジャーナルの論文アラートに登録し、あわせてResearcher APPも併用すれば、とりあえず最新の論文の刊行情報にはキャッチアップしていけるでしょう。

図：Researcher APP の実際の画面のスクリーンショット

（出典：https://www.researcher-app.com/）

これ以外にも **Google Scholar** のような学術論文検索エンジンや検索ツールを活用して論文を見つける方法もあります。筆者は Google Scholar を Google Chrome のアドオンに加えていますが、あまり頻繁に検索することはない感じです。似たようなツールとして、**Semantic Scholar**、**Lateral**、**Elicit**、**Research Rabbit** といった論文検索ツールがあります。すべてを完全に使って比較検討してみたわけではありませんが、Google Scholar と Semantic Scholar の２つだけでも、十分に関心に近い論文を探し当てることができるのではないでしょうか。いずれも有料版がありますが、使ってみて有料限定の機能を使う必要があれば有料登録すればいいのでは、という印象です（筆者は有料登録していません）。

さらに、ChatGPT（68頁で後述）のプラグインである**ScholarAI**を使って論文を探すことも可能です。これを利用するためにはChatGPT Plus（すなわち有料版ChatGPT）を利用していることが条件となっています。ChatGPT 4.0を開き、Plugin StoreからScholarAIのプラグインに登録します。試しにちょっとやってみましょう。ChatGPT 4.0の「New Chat」を開き、「Plugin」をクリックし、「ScholarAI」をクリックします。すると、チャット上部にこういう表示が出るはずです。

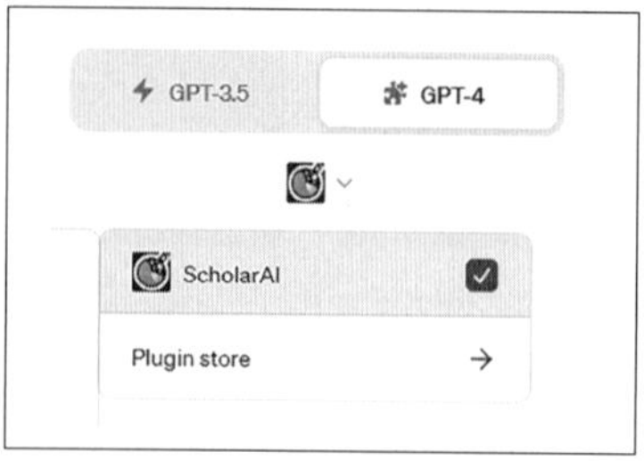

では、以下のようなプロンプトを打ってみましょう。要は、「英語で出版された日本のポピュリズムに関する論文のアブストラクトを示して」というものです。

“Please provide me some abstracts of the articles on Japanese populism, which have been published in English.”

すると、以下のような回答が返されてきました。少し長いですが、引用してみます。

Certainly! Here are some abstracts of articles on Japanese populism published in English:

1. Populism and the print media: the case of Japan

Authors: G. Steel, Natsuki Kohama
Publication Date: 2022-10-28
Abstract: Japan has experienced many of the factors associated with populism, but has not experienced an upsurge of populism in national-level politics. The study posits that the dominant frames in the Japanese print media coverage of populism form a crucial and overlooked part of the explanation for the absence of populism. The Japanese newspapers act as gatekeepers and set an agenda that is unfavorable for right-wing populism. The press engages in 'media populism' and frame populism – and alternatives to the status quo more generally – as a threat. Moreover, the print media are not hostile to immigrants in ways that populists could leverage.
Link to the article
PDF Link

2. Do populists support populism? An examination through an online survey following the 2017 Tokyo Metropolitan Assembly election

Authors: Takeshi Hieda, M. Zenkyo, Masaru Nishikawa
Publication Date: 2019-05-10
Abstract: Based on an ideational approach, this study assesses populist attitudes among Japanese citizens and explores whether a respondent with these attitudes tends to vote for populist politicians in Japan. The study was conducted after the 2017 Tokyo Metropolitan Assembly election. Survey results revealed that the supporters of the Tokyoites First Party – a typical populist party in a political-strategic sense – lack the quintessential elements of populism. Several subcomponents of populist attitudes led to support for the Japanese Communist Party – a radical leftist party.
Link to the article
PDF Link

3. Health Insurance Scheme for the Aged in Japan

Author: S. Matsuda
Abstract: The article discusses the political populism as the most important cause of current difficulty in re-organizing the Japanese health system. The introduction of free medical program for the aged in 1972 was a result of political rivalry. This program made the system too medicalized and caused a rapid expansion of medical expenditures. The Long-term care insurance scheme (LTCI) was introduced in 2000 to de-medicalize the system but hasn't reduced medical expenditures. the system but hasn't reduced medical expenditures. The new health insurance scheme for the aged was introduced in 2008, but faced strong opposition. The debate has focused too much on cost sharing and financial burden rather than quality of life and clinical

outcomes.
Link to the article
PDF Link
(Note: The third article listed is related to health insurance for the aged in Japan and touches upon political populism as a cause for difficulties in the health system.)

Would you like more details on any of these articles or should I continue to provide more abstracts?

いかがでしょうか。結構正確なように思いますし、PDFへのリンクまで自動的に教えてくれます。これはなかなか使えそうですが、ChatGPTの有料版を使っていないとアドオンを導入できないところがネックでしょうか。有料版をお使いの読者の方々はぜひ試してみてください。

1-1-2：ConsensusとConnected Papersを活用する

自分の関心に合った論文を探す方法をもう少し詳しく見てみましょう。

ここでは、**Consensus**というアプリを活用して先行研究を探してみることにします。登録が必要ですが、2023年10月現在では無料で利用できます。使い方はいたって簡単です。Consensusのウェブページにアクセスして、チャットボックスに知りたい質問を入力するだけです。すると、妥当と思われる研究論文と最も関連すると思われる論文の一節を、一覧で表示してくれます。下記のような感じです。

図：Consensus の実際の画面のスクリーンショット

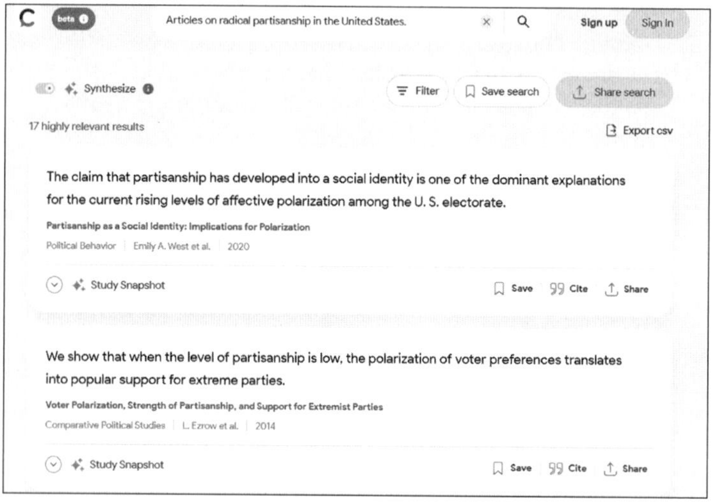

（出典 https://consensus.app/）

筆者は試しに、“Articles on radical partisanship in the United States.”（「米国における暴力的党派性に関する論文」）と入力してみました。すると、無数の論文と筆者の質問と関連があると思われる論文の一節が出力されます。33 頁で後述する DeepL の Google Chrome アドオンを利用すれば、結果を日本語に訳せます。

論文を探すとき、Consensus と同じぐらい役に立ちそうなのが **Connected Papers** です。これは「先行研究のつながりを視覚化」するためのツールです。学術論文は先行研究や論拠として他の研究者が書いた論文を引用しています。読者が論文を書いたとすると、それは誰かに読まれ（世界の誰にも読まれない可能性もありますが…）、引用されていく可能性があるわけです。重要な研究ほど読まれ、他の研究者に引用されていく——こうして論文はさらに別の論文に引用されていき、「知の連鎖」が発生するわけです。ということは、**興味のある論文がどの論文とつながっているかを把握できれば、芋づる式に他の重要な論文にたどり着けます。**

こうした論文間の連鎖をヴィジュアル化するツールであるConnected Papersは、もともとは３人の若い起業家のサイド・プロジェクトとして始まり、実用化と無料公開にこぎつけたものらしいです。試しに、さきほどConsensusで見つけた論文を入れてみましょう。すると、次のような論文のネットワークをグラフ化できます。これは検索対象に指定した論文と共通の引用や参照物のある「類似性」（必ずしも引用・被引用関係とは限らない）の高い論文をネットワーク化し、図示しているようです。

図：Connected Papersの実際の画面のスクリーンショット

（出典：https://www.connectedpapers.com/）

図中のノード（円状のもの）は論文を示しています。ノードの直系が大きいものは、引用数が多いことを示しています。ノードの色は出版年です(色が濃いものほど新しい)。類似の論文はエッジ(矢印)で結ばれ、“似た者同士”でクラスターを形成しています。

Connected Papers は無料版もありますが、無料版だと 1 か月に論文のグラフを 5 つまでしか作成できません。1 か月数百円の有料版に切り替えれば、この制限はなくなります。Connected Papers を併用すれば、Consensus では見落とされていた近縁論文が発見できるかもしれません。また、学会報告で論文のレビューなどをするときに視覚的な補助ツールとして活用するなど、いろいろな使い方が頭に浮かんできます。

さて、お目当ての論文を発見できたとして、**次に問題となるのは「どうやって論文を入手するか」**です。特に、海外の学術誌に掲載された論文は、日本の大学図書館では読めない（予算の厳しい制約等で、大学のデータベースには限定的にしかジャーナルが入っていないことも多いです）ことも少なくなく、学部の学生さんなどだと、論文を探す研究初期の段階で有料の壁に阻まれ、いきなり論文探しの初歩でつまずいてしまったりします。すべての関連論文を自腹で購入するのは、特に学部学生・院生には不可能でしょう。

しかし、諦めるのは早いです。以下のような工夫をすれば、完璧とはいきませんが、効率的に（かつ無料で！）論文を入手することができる場合もあります。

1-1-3：論文を入手する

まず、自分の論文を誰でも自由に見られる**「オープン・アクセス」**にしている研究者も数多くいます。

たとえば、ハーバード大学の有名な政治学者であるゲイリー・キング教授は自分のウェブサイトで自分が書いた論文をすべて読めるようにしています。ですが、すべての学者がこういう対応をとってくれているとは限りません。筆者は、自らが国際学術誌に書いた論文を全部はオープン・アクセスにできていません。オープン・アクセスにするのは論文を書いた筆者たちが出版社に費用を支払う必要があります。このオープン・アクセス費用ですが、かなりのお金がかかります。研究費を潤沢に持っている研究者以外、オープン・アクセス費用を払えないのです（大学によってはオープン・アクセス費用を負担してくれるところもあるそうです）。ゆえに、すべての研究者が自分の書いた論文を自らのウェブサイトで自由に見られるようにしてくれているとは限らないので、注意が必要です。

蛇足かもしれませんが、オープン・アクセス費用について補足しておきましょう。たとえば自然科学分野のトップ誌 Nature だと、オープン・アクセス費用として 1 万 1690 ドルものお金がかかります。2023 年 10 月の為替で 175 万円ほどです。Science でも 4500 ドル（67 万円と少し）もかかります。**オープン・アクセスの論文は読まれやすくなりますし、引用もされやすくなります。**研究のインパクトを考えれば、オープンにするほうがいいことは言うまでもありません。しかし、このような高額の費用を研究者が個人で負担するわけにもいきません。普通に破産します。**「研究には高額の資金が必要である」**——この当たり前で重要な事実を、読者の方々にもぜひご理解いただきたいと願います。

さて、話を元に戻します。

オープン・アクセスではなくても、**執筆途中の論文を「ワーキング・ペーパー」（論文の「草稿・未定稿」のことです）の形で、自**

らのサイトなどで公開している研究者も数多くいます（これは研究先取権主張の意味合いが強いように思います）。たとえば、スタンフォード大学の政治学者であるアンドリュー・ホール教授は、自らのウェブサイトでワーキング・ペーパーを公開しています。

ワーキング・ペーパーは最終的にジャーナルに公刊された論文とは内容が異なっているかもしれませんが、それでも入手して読むことができれば、何もないよりはましだと言えるでしょう。ただし、ワーキング・ペーパーは「無許可引用不可」などの制限がついている場合もあります。ワーキング・ペーパーを読むときには注意が必要です。

ワーキング・ペーパーは、**「プレプリント・サーバー」と呼ばれる査読前の論文草稿を掲載するオンライン・レポジトリにアップされている場合もあります。**このプレプリント・サーバーを活用するという手もあります。「プレプリント」とは、いわば学術論文として公刊を目指す論文の査読前草稿を書き上げた段階で早期公開するものであり、プレプリント・サーバーとはそれをインターネット上のサーバーに掲載するものです。プレプリント・サーバーに掲載されている論文は査読前の論文草稿なので、学術研究者による査読を経た検証や評価が加えられていない状態のものです。当然、出版された論文に比べれば、誤りなどを含んでいる可能性が高いので、注意をしなければなりません。

プレプリント・サーバーですが、自然科学分野では arXiv、bioRxiv、medRxiv、Nature Proceedings などが有名です。社会科学分野のプレプリント・サーバーとしては Social Science Research Network が有名です。OSF Preprint は複数のプレプリント・サーバーをまとめているので、一回見てみるとよいでしょう。

アメリカ政治学会（American Political Science Association）の報告論文は、以前はここにアップロードすることが求められていました。無論、すべての研究がプレプリントとしてプレプリント・サーバーにアップロードされているわけではありません。ですが、お目当ての論文のプレプリント版が見つかるかもしれませんし、そうでなくても偶然プレプリントとして早期公開されている研究を目にして、そこから研究のアイディアが得られるという可能性もあります。政治学分野では、アメリカ政治学会が2019年からAPSA Preprintsという政治学専用のプレプリント・サーバーを設置しています。

最後に、**Unpaywall、Kopernio、Open Access Buttonなど、無料の論文を自動的に探してくれる拡張機能を利用する方法**をご紹介したいと思います。ここではUnpaywallの使い方を説明します。Unpaywallというのは Chrome、Firefox、Operaに対応している無料論文を探してくれるブラウザ拡張機能です。

以下は筆者らがParty Politics誌に発表した論文にオンラインでアクセスしたときのスクリーンショットです。

図：筆者らが書いた論文のスクリーンショット（イメージとして一部改変）

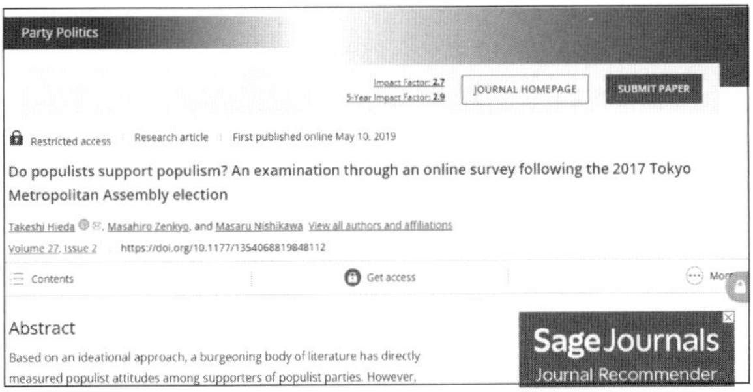

（出典：https://journals.sagepub.com/doi/10.1177/1354068819848112）

画面の右肩に「閉じた錠前」の形をしたアイコンがあるのがお分かりでしょうか。これは、われわれの論文には「フリー版がない」ことを示しています。対して、以下で示すのはゲイリー・キング教授の論文のページです。論文の右端に「鍵が開いた形」になっている錠前のアイコンがあります。これはこの論文には、どこかに無料の公開版が存在することを示しています。

図：ゲイリー・キング教授らの論文のスクリーンショット

（出典：https://www.cambridge.org/core/journals/american-political-science-review/article/abs/how-censorship-in-china-allows-government-criticism-but-silences-collective-expression/）

Unpaywall や kopernio などを活用すれば、無料版があるかどうかいちいちググって一つひとつ調べていかなくても大丈夫です。ただし、一点注意が必要です。すなわち、Unpaywall の場合だと、論文に Digital Object Identifier: DOI が付されていないと無料版が表示されません。われわれの Party Politics 誌掲載論文も、実は Social Science Research Network にプレプリントがアップロードされているのですが、このワーキング・ペーパーには DOI が付与されていないので、Unpaywall はこの無料版ペーパーを検出してくれないのです。

1-2：論文の保存と管理

読者の皆さんが無事に自らの関心に近い論文を探し出し、PDFを首尾よくダウンロードしたとしましょう。では、次は何をすればいいのか。**論文の保存・管理**です。

ダウンロードした論文は、どこに保存すればいいのか。クラウド・ストレージ（Dropbox、Googleドライブなどのオンライン・ストレージ）に保存する手があります。また、ローカルのHDDなどに保存しておく手もあります。しかし、DropboxやGoogleドライブにいったん保存した論文をいちいち探すのは、それはそれで結構煩雑ですね。

ということで著者がおススメするのが、**「論文管理ソフト」を利用する方法**です。ちなみに、論文はPDFで保存するならば、あとで見つけやすいよう、保存するときに目印になるようなタイトルをつけて保存するようにしてください。たとえば、“APSR.polarization.south.pdf”のように、雑誌名・内容がわかる言葉（APSR）をPDFのタイトルにつけるようにしておくと、検索もしやすいかと思います。

代表的な論文管理ソフトの利用方法を見ていきましょう。著者は以前は**Liquidtext**というアプリを利用して文献管理を行っていましたが、今現在では有料アプリの**Paperpile**（月額＄2.99）に切り替えています。お好みのものを活用するようにしてください。では、順番に見ていきましょう。

Liquidtext の場合、まずはアプリを手持ちのデバイスにダウンロードしましょう。そして、読みたい論文のPDF ファイルをLiquidtext に送ります。そうすると、取り込んだPDF ファイルにApple Pencil で書き込み・抜き出しが行えるようになります。実際の操作画面を見てみましょう。

図：Liquidtext の実際の画面

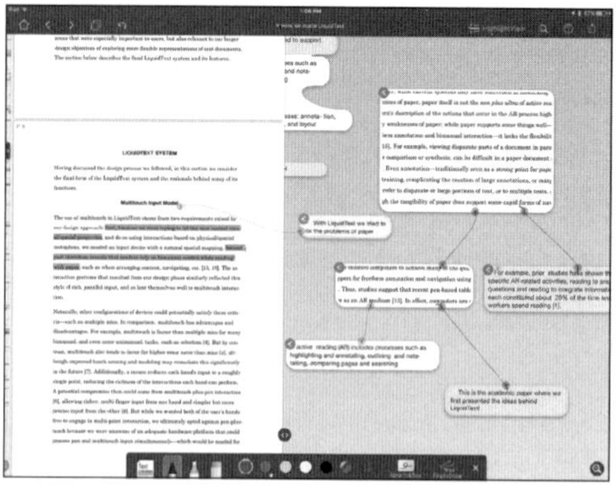

（出典：Liquidtext社の X（Twitter）から引用させていただいています）

こんなイメージです（Liquidtext 社の X(Twitter) から画像をお借りしました。ありがとうございます）。こうやってメモを取ったり抜き出したりして、後に論文を書くときにそれらを情報として活用しています。

筆者は当初は Liquidtext 派で、個人的にはかなり使いやすいと感じていました。Liquidtext は今でも使っている人は多いのではないでしょうか。Liquidtext は優れたアプリだと思います。現在ではPaperpile に切り替えましたが、切り替えた理由はPC とのクラウド同期、論文の PDF ファイルのダウンロード、論文の引用といった作業が Paperpile のほうがやりやすかったことです。ほかにも、文献管理ソフトとして Endnote や Mendeley、Zotero、RefWorks などを使う人もいるでしょう。筆者はこれらの文献管理ソフトを利用したことがないので、ここではそれらのソフトの使い方は（筆者自身が使ったことがないので）割愛します。

そういうわけで、著者としては Liquidtext や Paperpile を使用することが個人的におススメなのですが、GoodNotes や富士通やソニーなど多くのメーカーがいわゆる電子ペンで書き込み可能な「電子ペーパー」を出していますので、これを使っている人も多いですし、Apple Pencil 以外の電子ペンを使っている人もよく見かけます。ですので、このあたりは単純に各人の好みの問題だと思います。自分に合ったものを選択するのが最善でしょう。

では、Paperpile の使い方を見ていきましょう。Liquidtext 同様、手元のデバイスに Paperpile のアプリをダウンロードします。Google のアカウントをお持ちの方は多いと思いますが、Google アカウントで利用登録でき、PC では Google Chrome の拡張機能として、そして iPad などではアプリとして使えます。自分の Google アカウントからだと双方を同期することができますので、出先では iPad、自宅では PC から PDF 版の論文を読むことができます。

Paperpile でも、取り込んだ PDF に Apple Pencil でいろいろと書き込みができます。Paperpile は PDF ファイルの取り込みが非常に便利です。Google Chrome に拡張機能として用いている場合、オンラインで発見した PDF ファイルをクリックし、Chrome の拡張機能をクリックすると「Add PDF to Paperpile」というタブが出てくるので、クリックするだけでPaperpileにPDFが取り込まれます。

次に、Google Scholarで筆者のページを見てみましょう。筆者が書いた論文の一覧の横に「　Paperpile」という四角いバーのようなものが出ているのがわかるでしょうか。これをクリックするだけでPaperpileに論文が取り込まれます。試しにやってみましょう。

図：筆者のGoogle ScholarのページをPaperpileに取り込む画面のスクリーンショット

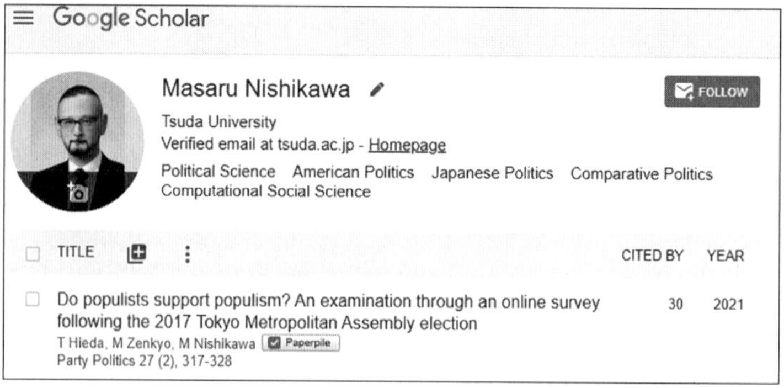

（出典：筆者のGoogle Scholarより）

ちゃんと取り込まれたようですね。

図：筆者のPaperpileに論文を取り込んだ後のスクリーンショット

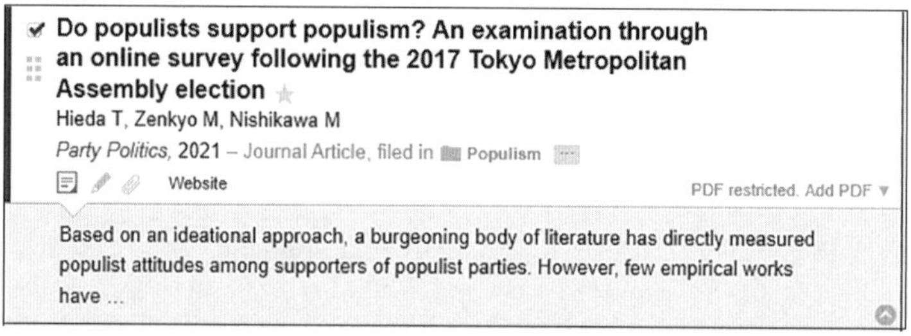

さらに、下の写真を見てください。自分のローカル PC などに保存されている PDF ファイルは、Paperpile を開いて、左上にある「＋ Add Papers」というところをクリックすれば、PDF ファイルをアップロードできます。Paperpile 左側の FOLDERS というところにある「＋」マークをクリックするとフォルダが作れますので、論文のテーマごとにフォルダを作成し、論文を小分けして収納するとよいでしょう。

図：Paperpile のフォルダ画面のスクリーンショット

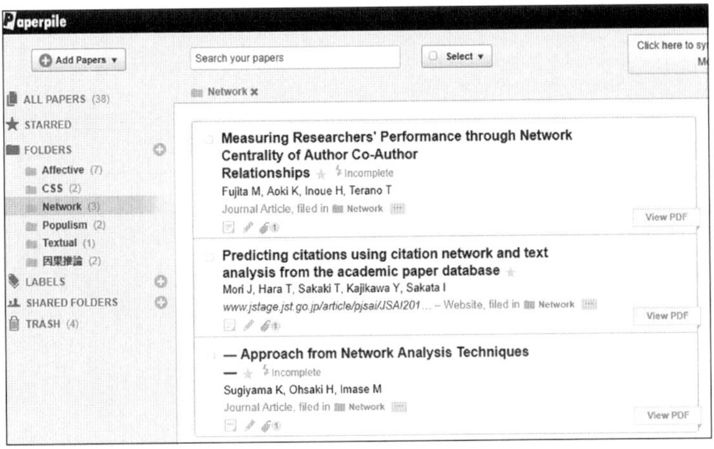

論文の右下にある「…」をクリックすると、論文の詳細情報が出現します。詳細情報は以下のような感じです。次の写真のように、論文の種類や著者名、公刊年度、キーワードなどが確認できますね。

図：Paperpile で論文の詳細情報を見たところ（上が展開前、下が展開後）

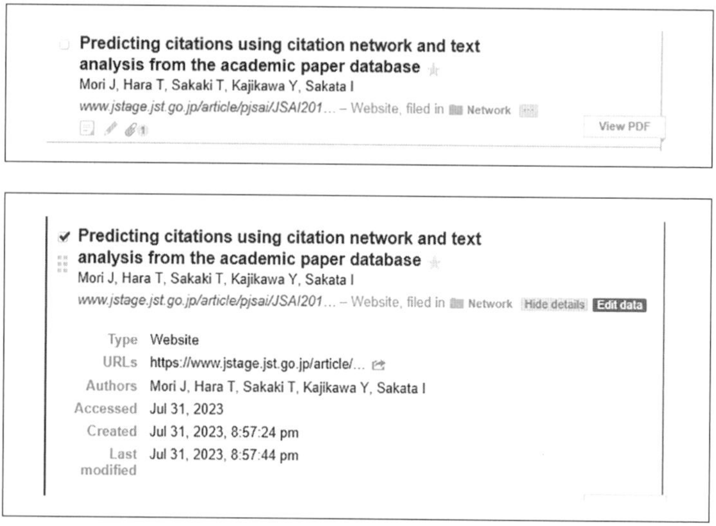

便利なことに、Paperpile は論文の書誌情報を執筆中の論文で引用することも可能です。Paperpile for Word というものを下記の QR コードからインストールします。ダウンロードを終えると、Microsoft Word のヘッダーのところに「Paperpile」が追加されるはずです。

Paperpile for Word への QR コード

図：Word のヘッダーに“ Paperpile” が追加されたところのスクリーンショット

論文を引用したい箇所にカーソルを合わせ、Paperpile のタブをクリックすると、「Add/Edit Citation」が出てきます。すると、“Type to search your library” と出るので、引用したい文献を検索してクリックします。学術論文の引用のスタイルも、シカゴ・スタイル (1890 年に設立のシカゴ大学出版局がまとめた学術論文執筆のスタイル)、APA スタイル（アメリカ心理学会が推奨する論文執筆スタイル）、MLA スタイル（アメリカ現代言語協会が推奨する論文執筆スタイル）、AMA スタイル（アメリカ医師会が推奨する論文執筆スタイル）Nature 誌のスタイルなど、いろいろなスタイルを選ぶことができます。また、「Format citations」を利用すれば、論文の末尾に引用文献のリストを自動で作成可能です。

このように、筆者は PC と iPad を Paperpile で同期させて論文をダウンロードして保存し、それらを読み、Apple Pencil で書き込むようにしています。**筆者はハードカバーの研究書はいまでも紙媒体で読みますが、論文はもう、ほぼ紙では読まなくなりました。**無論、古い論文で PDF 化されていないものを読む際とか、PDF 化されていない学会の論文誌や紀要を読む際などは、紙媒体でコピーする必要があるかもしれません。

このやり方には、メリットと快適さしか感じません (笑)！ 論文の収納場所にも困らなくなりましたし、論文をどこにしまったか忘れて見つからなくなる、ホチキスが取れ、表紙のページだけどこかに行ってしまって書誌データがわからない…といった間抜けな事態もなくなりました。

1-3：論文の効率的な読み方

では、論文を実際に読んでいきましょう。日本語で書かれた論文ならば、辞書を引いたりする必要はありません。英語で書かれた論文ならばどうでしょうか。著者の世代の研究者は、辞書を引きながら英語の論文を懸命に読んだ経験があるはずです。

今は便利なツールがありますので、必ずしも辞書を引きながら時間をかけて英語論文を読まなければいけないということはありません。というわけで、論文を日本語に翻訳して読むツールを紹介していきましょう。

1-3-1：DeepL（翻訳ツール）

研究者は必ずしも新しい技術に振り回される必要はないと思いますが、新技術を柔軟に取り入れることで学習効率・教授の利便性が上がるならば、ぜひとも積極的に取り入れるべき――、筆者は個人的にそのように考えています。

ということで、最近大きな話題になっている「生成AI」（Generative AI）の出番となります。岡野原大輔氏の『大規模言語モデルは新たな知能か』（岩波書店、2023年）によれば、ChatGPT、Bing AI、Google Bardといった高い対話能力と汎用的な問題解決能力を備えた大規模言語AIモデルはさまざまな用途が考えられ、急速に応用範囲が広がっています。

2022年には**Stable Diffusion**や**Midjourney**、**D-ID**、**ChatGPT**、**Perplexity. AI**、**Mubert**など、テキストから画像を、質問から回答文を、テキストから音楽を生成してくれるなど、さまざまな生成AIが話題を集めました。英文を校正してくれる**Grammarly**や、ある言語を他の言語に翻訳してくれる**DeepL**なども、生成AIに含めて考えてよいでしょう。本書でもたびたび言及することになります。

ほんの一例ですが、下記は筆者がStable Diffusionにプロンプトを打ち込んで試作した画像です。一番左は1980年代のファミコン画像風（「ファミコンって何？」という若い方々は、とりあえずググってみてください）に加工した著者の顔です。真ん中は中世ヨーロッパ風に加工した著者の顔、一番右はStable Diffusionに作ってもらったバイデン大統領の仮想画像です。正直、あまり出来は良くないと思います(笑)。理由は簡単で、プロンプト（AIとの対話の際にユーザーが入力する指示）の精度が良くないのだと思います。このプロンプトを効果的に開発・最適化する専門領域（**プロンプト・エンジニアリング**）があるぐらいなので、かなりの熟練やコツを必要とすることは言うまでもありません。

図：Stable Diffusion、Midjourneyで作ってみた画像

24時間生成AIばかりいじっていればプロンプト作成技術が上達するのかもしれませんが、少なくとも筆者にとって、プロンプト作成に時間を割く優先順位は低いです。クラウドワークス(62頁参照)などを覗いてみると、プロンプトエンジニアとして登録しているクラウドワーカーの方々もいらっしゃるようなので、自分で下手なプロンプトを書いて失敗に終わるぐらいなら、結局プロに頼むほうがいいのかもしれません。

さて、次にDeepLをとりあげましょう。これはもはや、英語を母語としない研究者の最重要ツールの ひとつと言っていいでしょう(笑)。**DeepLで記事や論文を即座に母国語に翻訳し、ざっと目を通している研究者は世界中で多数に上る**と思います。

まずは、DeepLを利用して論文を翻訳してみましょう。すでに多くの人が利用していることと思いますが、**DeepLとはドイツの企業が深層学習アルゴリズムを利用して開発した、テキストや文書ファイルを瞬時に他言語に翻訳する「翻訳ツール」**です。

筆者はDeepLについては、英語を日本語に翻訳する時に複数の方法で利用しています（課金して利用しています。ログインせずに使用すると1日1500字まで使えます。無料版でもログインすれば1回5000字、1か月50万文字まで使えます)。英語の新聞記事や論文などをパパッと読みたいときなど、DeepLは重宝します。

英語で自分にとって重要な論文を読むとき、あるいは英語で論文を書くときは、辞書や英語論文の表現法に関する本を手繰って、自力で読んで書くようにしています。理由は明確で、自力で英語を読む努力・書く努力をしないと、本当の英語の文章が読めない・書けないと思うからです。英語で自分の研究分野の最重要論文を読むとき、英語で本格的な文章を書くときにはDeepLを使うべきではないと私は考えます。

また、**DeepLは完璧ではありません。**訳文が間違っていることもしばしばですし、訳文が抜けていることも多いです。過信は禁物です。

ゆえに、あまり重要ではないが、内容をざっと押さえておきたい（「斜め読み」で十分な）論文や情報収集用の新聞記事などを英語で読むときなどは、DeepLは非常に重宝します。では、具体的な使い方を見ていきましょう。

1-3-2：DeepLのGoogle Chrome拡張機能を利用する

まず、Google Chrome（Microsoft Edgeの拡張機能も利用可）に拡張機能としてDeepLをアドオンする使い方です。アドオンの仕方はいたって簡単で、https://www.deepl.com/ja/chrome-extension にアクセスし、「Chromeに追加する」をクリックするとChromeウェブストアに移動するので、そこからDeepLをアドオンに追加するだけです。

この使い方だと、ブラウザでネットを見ているときなど、英語記事にアクセスすると画面上部に以下のようなボックスが開きます。

図：DeepLの操作画面のスクリーンショット

「ページを翻訳」をクリックすると英語記事が希望の言語に翻訳さ

れます。あるいは、英語記事の一部分だけを翻訳することも可能です。翻訳したい英文をマウスの左ボタンでドラッグして範囲を指定すると、右下に DeepL のロゴの形のボタンが表示されます。このボタンをクリックすると自動的に希望の言語に英文が翻訳・表示されます。現在のところ、28 種類の言語に対応しているようです。

この機能を利用して、**筆者はアメリカ政治に関する英語記事やブログ、重要ではなさそうな英語論文の要旨など、ざっと内容を把握しておきたいものを斜め読みするようにしています。**

図：バイデン大統領の発言を
アドオン版の DeepL で訳した
スクリーンショット

1-3-3：オンライン版 DeepL を利用する

筆者はこの方法でも DeepL を利用しています。やり方は簡単で、https://www.deepl.com/ja/translator にアクセスして、画面の左側に自分が翻訳したい文章の原文を貼り付けると、右側に好みの言語に翻訳された文章が出力されます。無料版だとログインしても 5000 文字までしか翻訳されないので、大量に翻訳する人は有料版（DeepL Pro）の登録が必要になります。

この **DeepL Pro は有料ですが、PDF や Word 形式の文書を丸ごと翻訳できる**という利点があります。Starter プランだと月 1000 円で月に 5 ファイルまで丸ごと翻訳が可能です。Ultimate プランだと月 6250 円で 100 ファイルまで丸ごと翻訳できますが、普通は Starter で十分だと思います。

図：オンライン版 DeepL の画面

（出典：https://deepl.com/ja）

1-3-4：自分のPCでDeepLを利用する

最後に、手元の自分のPCにDeepLアプリをダウンロードし利用する方法です。Windows/macOS、Android/iOS向けのDeepLアプリがありますので、手持ちのPCに応じて選択するといいでしょう。ダウンロード後の使い方は上記のオンライン版と同じです。筆者はローカルのPCにもDeepLを入れていますが、あまり使いません。もっぱらアドオンかオンライン版の利用です。

翻訳ツールとしてはほかにも**Google翻訳**や**みらい翻訳**など、多くのツールが開発され、普及しています。比較してみた感じだとDeepLもGoogle翻訳もあまり変わらない印象ですので、無料で手軽に使うならGoogle翻訳、文書を丸ごと大量に訳すなどの作業が必要とされるなら、DeepLの有料版を使うといいのではないでしょうか。

1-4：ChatPDFやSciSpaceを使って論文を要約する

1-4-1：ChatPDF

次に、**ChatPDF**というツールを使って論文を要約してみましょう。その名が示すように、ChatPDFはChatGPTを組み込んだ応用ツールです。**ChatGPTは、もはや研究者の必携ツールと化しているのではないでしょうか**(笑)。この本を読んでいる読者の皆さんも、ほとんどの方がすでに何らかの形でChatGPTを使われているのではないかと思います（邪推？）。

ChatPDF はアップロードした PDF を、AI と対話しつつ、キーワードを列挙したり、情報を抜き出したり、要約したりしていくものです。**AskYourPDF** というアドオンもありますが、あれも同じような機能を有するツールだと思います。ChatPDF の無料版は 1 日当たり 3 つの PDF がアップロード可能で、50 個まで質問をすることが可能です。それ以上使いたい場合は、1 か月 5 ドルの有料版を使うことが可能です（1 日 50 ファイル、1000 質問まで可能）。

https://www.chatpdf.com/ にアクセスし、“Drop PDF here” というところに読みたい論文の PDF をドラッグします。そうすると、論文の簡単な要約が提示されます。ここでは筆者がかつて Asia-Pacific Review に執筆した “Presidency of Donald Trump and American Democracy: Populist Messages, Political Sectarianism, and Negative Partisanship.” という論文の PDF を使ってデモを行いました。すると、下記のような結果が返ってきました。画面最下部にあるチャットボックスに “Please summarize the PDF more in detail.” と打つと、さらに詳しい論文の要約が示されました。

図：ChatPDF を実際に使ってみたところのスクリーンショット①
（論文の PDF をアップロードしたところ）

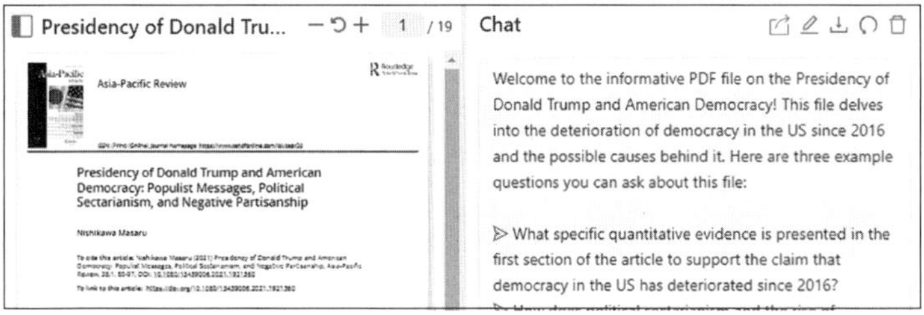

（出典：https://www.chatpdf.com/）

結果が英語で示されていますね。さらに、すでに説明したDeepLのGoogle Chromeアドオンを使えば、一瞬で日本語にできます（AIに“Can you create a summary of the PDF in Japanese?”と直接聞いても日本語にしてくれます）。これは、なかなかしっかりした要約だと思います。このツールを使えば、論文に何が書かれているのか、大雑把につかむことが可能です。それを手掛かりに論文を精読するのもよいですし、要約を読んだ限りでは論文の内容が思っていたものとは異なる場合には、ほかの論文を探すとよいでしょう。

図：ChatPDFを実際に使ってみたところのスクリーンショット②（論文の要約）

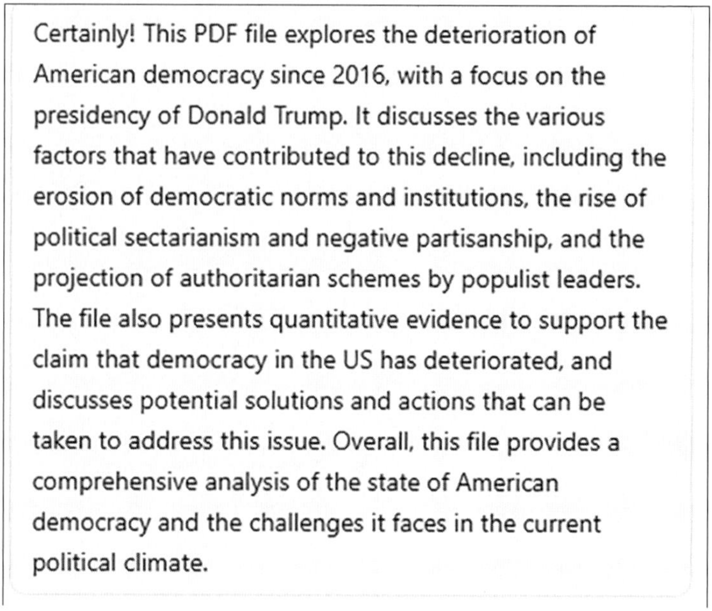
Certainly! This PDF file explores the deterioration of American democracy since 2016, with a focus on the presidency of Donald Trump. It discusses the various factors that have contributed to this decline, including the erosion of democratic norms and institutions, the rise of political sectarianism and negative partisanship, and the projection of authoritarian schemes by populist leaders. The file also presents quantitative evidence to support the claim that democracy in the US has deteriorated, and discusses potential solutions and actions that can be taken to address this issue. Overall, this file provides a comprehensive analysis of the state of American democracy and the challenges it faces in the current political climate.

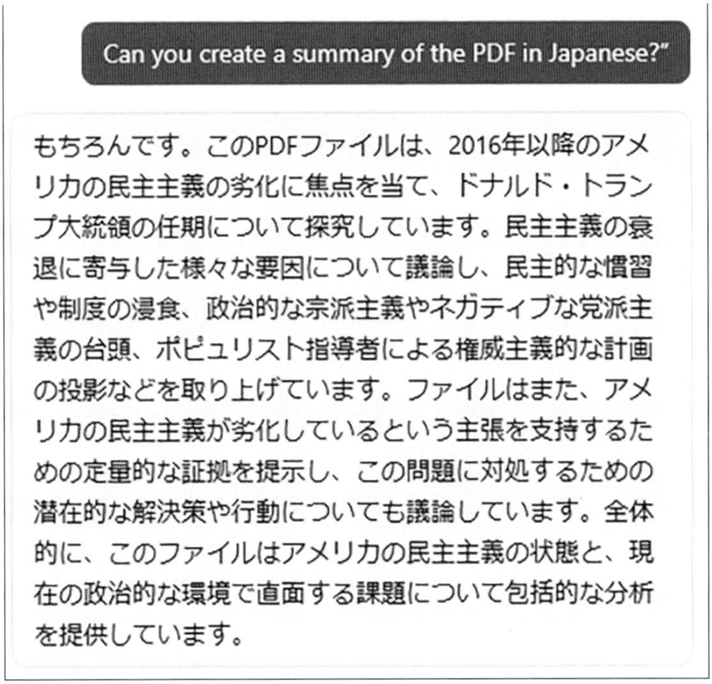

Can you create a summary of the PDF in Japanese?"

もちろんです。このPDFファイルは、2016年以降のアメリカの民主主義の劣化に焦点を当て、ドナルド・トランプ大統領の任期について探究しています。民主主義の衰退に寄与した様々な要因について議論し、民主的な慣習や制度の浸食、政治的な宗派主義やネガティブな党派主義の台頭、ポピュリスト指導者による権威主義的な計画の投影などを取り上げています。ファイルはまた、アメリカの民主主義が劣化しているという主張を支持するための定量的な証拠を提示し、この問題に対処するための潜在的な解決策や行動についても議論しています。全体的に、このファイルはアメリカの民主主義の状態と、現在の政治的な環境で直面する課題について包括的な分析を提供しています。

（出典：https://www.chatpdf.com/）

あるいは、“Can you recommend articles that are similar to the PDF?”（「PDFと似たような記事を紹介してもらえますか？」）とAIに質問してみるとどうなるでしょうか。回答は以下のような感じでした。何やら論文らしきものが挙げられていますね。

図：ChatPDF を実際に使ってみたところのスクリーンショット③（類似論文の推薦）

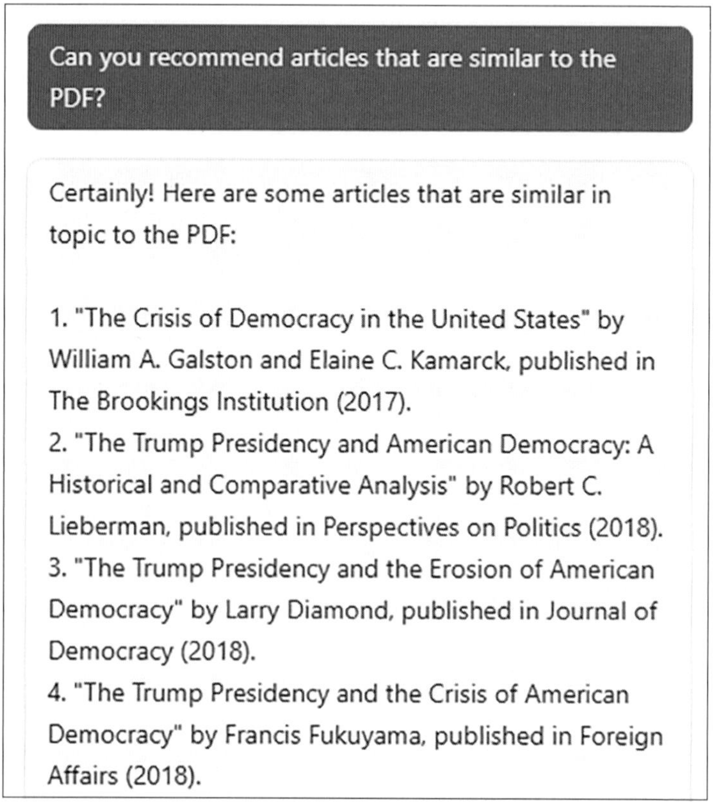
Can you recommend articles that are similar to the PDF?

Certainly! Here are some articles that are similar in topic to the PDF:

1. "The Crisis of Democracy in the United States" by William A. Galston and Elaine C. Kamarck, published in The Brookings Institution (2017).
2. "The Trump Presidency and American Democracy: A Historical and Comparative Analysis" by Robert C. Lieberman, published in Perspectives on Politics (2018).
3. "The Trump Presidency and the Erosion of American Democracy" by Larry Diamond, published in Journal of Democracy (2018).
4. "The Trump Presidency and the Crisis of American Democracy" by Francis Fukuyama, published in Foreign Affairs (2018).

（出典：https://www.chatpdf.com/）

このように、一見非常にもっともらしい結果が返ってくるのですが、なんとこれらの論文は実在しません（苦笑）。岡野原大輔氏によると、**AI が学習したデータからありもしない事実を回答することを「幻覚」（ハルシネーション）と呼ぶ**そうです。この「幻覚」

の例からもわかるように、AI を過信するのは危険です。AI はあくまで補助と割り切りましょう。もっとも、現時点の ChatGPT はこの点が改善され、「ありもしない論文」を薦めてくることは減ってきているようです。

1-4-2：生成 AI が「生成」する問題

この「幻覚」が生じた場合は要注意で、研究者が ChatGPT の「幻覚」を鵜呑みにしてそれをそのまま参考文献に載せたりすると、図らずも研究不正を働いたことになりかねません。

さらに、2023 年の夏ごろには「幻覚」だけではなく、**ChatGPT の精度が大幅に低下する「ドリフト」という現象**が発生し、話題になっていました。このドリフトという現象ですが、筆者は専門外なので詳しくは理解していませんが、ChatGPT のような複雑な大規模言語モデルをチューニングしようとした結果、内部で何らかの不具合が生じて、性能が低下してしまうことがあるようです。スタンフォード大学とカリフォルニア大学バークレー校のチームが ChatGPT 3.5 と ChatGPT 4.0 に数学の問題やプログラミング言語生成、医師免許試験の回答などのタスクを投げてみたところ、2023 年 6 月のバージョンは同年 3 月のバージョンのパフォーマンスを下回ったという報告が出ていました。

「幻覚」や「ドリフト」といった現象は何を意味するのでしょうか。筆者は、**生成 AI は完璧ではありえず、使用するときにはユーザーの知恵や腕が常に試される**ということではないかと考えています。AI の時代にあっても、最終的には「人」ではないか──、筆者はそう思うのです。ChatGPT による回答を吟味もせず、ただコピペして論文を書くと、思わぬ不正や致命的ミスにつながりかねません。

そこは、研究者自身が「幻覚」などを見抜けるかどうかにかかっていると思います。

これ以外にも、生成AIは大量のデータを用いて学習するため、性別や人種などの点でバイアスのかかった回答をすることがあります。ほかにも、言語によって回答の内容が微妙に異なるとか、いろいろな問題があるようです。

1-4-3：SciSpace

さて、では次に、論文を読解するためのAIによる補助ツール、SciSpaceも使ってみましょう。使い方は簡単で、以下のようにSciSpaceのウェブサイトにアクセスし、読みたい論文のPDFをアップするだけです。そうすると右側にAIに質問するバーが出てくるので、“Explain of this paper in 2 lines.” “What this article is about?” などと質問すると、答えが返ってきます。使ってみた感じ、回答の内容も悪くはなかったです（が、おそらくChatGPT同様、注意して使ったほうがいいでしょう）。

また、ChatPDFやSciSpaceと似た機能を持つものとして、**ResearchGPT**があります。これはConsensusが提供しており、ChatGPTの有料版（ChatGPT Plus）ユーザーであれば、使用可能です。有料版ユーザーならば、試しにResearchGPTを検索してアクセスしてみましょう。興味のある論文のPDFやURLをアップロードして質問すれば、関連する学術情報をResearchGPTが典拠付きで返してくれます。いまや、ChatGPTが「指導教授」の代わりになる時代かもしれません。

図：SciSpace を実際に使ってみたところのスクリーンショット

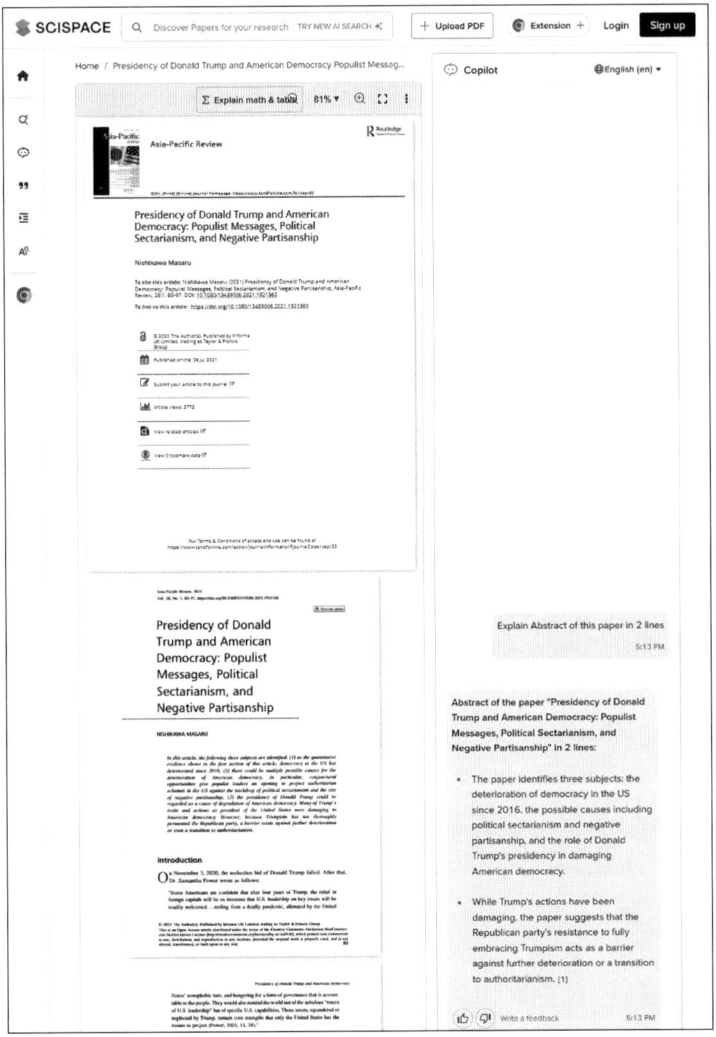

（出典：https://scispace.com/）

COLUMN

AIを研究で活用するのは倫理・法律に抵触しないのか？

新技術を柔軟に取り入れることで学習効率・教授の利便性が上がるならば、ぜひとも積極的に取り入れるべき――、筆者は個人的にそのように考えています。ですので、AIを学術的活動に積極的に活用することには賛成の立場です。ただし、これが数多くの倫理的な問題をはらんでいることも理解しています。**著作権など、法的にも解決するべき課題は多くある**でしょう。

2023年の春には、AIが社会に与えるリスク対策が整うまでAI開発を一時停止することを求める署名運動が展開されたのは、記憶に新しいところです。EUなど各国ではAIを規制する動きが見られます。2023年7月21日には米国のバイデン政権と大手IT企業7社がAIを安心して利用できるための取り組みを開始することに合意したと伝えられました。

たとえば、ChatGPTに質問すると、“As an AI language model~~”という回答が返ってくることがあります。これは「私はAI言語モデルなので～～」というChatGPT本人（？）による前置きのようなものなのですが、これをプレプリントなどのサーバーや論文検索サイトで検索すると、かなりの数がヒットするという話が話題になりました。要するに、研究者の少なからぬ数の人々がChatGPTに命じて論文を書かせ、それを校正することもせずにコピペして論文を投稿しているということなのでしょう。

近年の科学的営為においてはしばしば問題のある研究実践

(Questionable Research Practices: QRPs) が問題となっています。仮説の後付け (HARKing) や p 値の人為的操作 (p-hacking) などがそれにあたります。**筆者は ChatGPT に論文を丸々書かせることも QRPs に該当するのではないかと思います**が、このあたりに関しては、研究者間や学界でもまだコンセンサスが得られていないのではないかと思います（QRPs については三浦麻子氏の本などが参考になると思います）。月並みな結論かもしれませんが、この点については研究者各自がよく考えてみるべきではないでしょうか。

Dr. すきとほる氏が自分のブログで記事にしているところによれば、ChatGPT と対話しつつ、具体的な修正指示（こうした指示を「プロンプト」といいます）を出し続けて論文を書いたところ、数分でそれらしい論文が仕上がってしまったとのことでした（すきとほる氏ご自身は AI の誤用や限界、軽率な利用を戒めていることは付言しておきます）。自分で書いていない捏造論文のようなものを量産してそれを業績として何食わぬ顔で申告する人なども出てきそうです。

日本の各大学が出している生成 AI に関する注意文書を読むと、書かれている内容を鵜呑みにするなとか、個人情報を含むものを入力するなとか、「生成 AI のみを用いて論文やレポートを作成することは剽窃とみなす」と書いてあることもあります。このようなことを学生に要求するならば、**ChatGPT に丸々書かせたであろう論文が学術論文検索サイトに散見されることは大きな問題**であると言わざるを得ません。

筆者の考えとしては、**論文にせよ、英語校正にせよ、ブログ**

ラミング言語にせよ、まずは自分で書けるようにすることが重要ではないかと思うのです。その上で、いわば「セカンド・オピニオン」としてChatGPTなどのAIに意見や校正を要求することが望ましいのではないでしょうか。

ありきたりな意見のように思われるかもしれませんが、今のところ、**あくまで人間が主、AIは従**だということをもう一度よく理解しておく必要があるのではないかと思います。

【参考文献】

岡野原大輔『大規模言語モデルは新たな知能か：ChatGPTが変えた世界』(岩波書店、2023年)

Dr. すきとほる「【実例あり】ChatGPTで論文執筆?! オススメのプロンプトを解説」

三浦麻子『なるほど！心理学研究法』(北大路書房、2017年)

1-5：論文の内容について詳しく調べる

論文の中に出てくる専門用語について調べたいとしましょう。そういうとき、読者の皆さんはどのようにされていますか。本棚にある専門書をめくってみるのもいいですし、ネットで検索してみるのもいいでしょう。

ここで、Explainpaperというものを使ってみるのも手です。これは、**論文をアップロードして専門用語をハイライトすると意味を表示してくれる機能**がついているものです。さらに、当該論文への質問を書くと、それに回答する機能もついています。ここでは、筆者自身の論文である、Masaru Nishikawa (2021) “Presidency of Donald Trump and American Democracy: Populist Messages, Political Sectarianism, and Negative Partisanship.” Asia-Pacific Review, 28:1, 80-97, DOI:10.1080/13439006.2021.1921360を使って、Explainpaperを試してみましょう。

図：Explainpaperを使ってみたところのスクリーンショット①

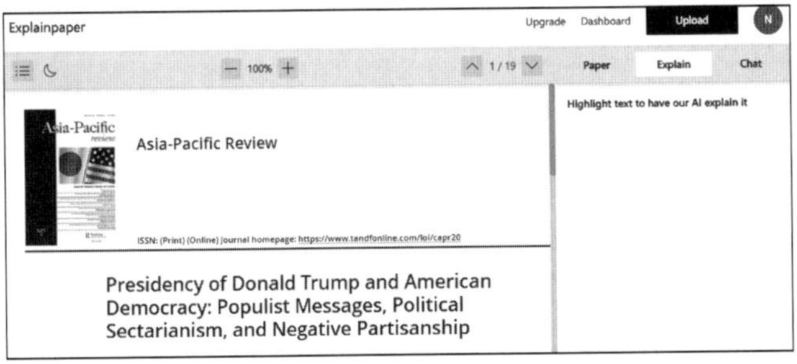

（出典：https://www.explainpaper.com/）

論文のタイトルにある“Negative Partisanship”という用語をハイライトしてみました。すると、論文右側のバーに以下のような「説明」が提示されます。

図：Explainpaper を使ってみたところのスクリーンショット②

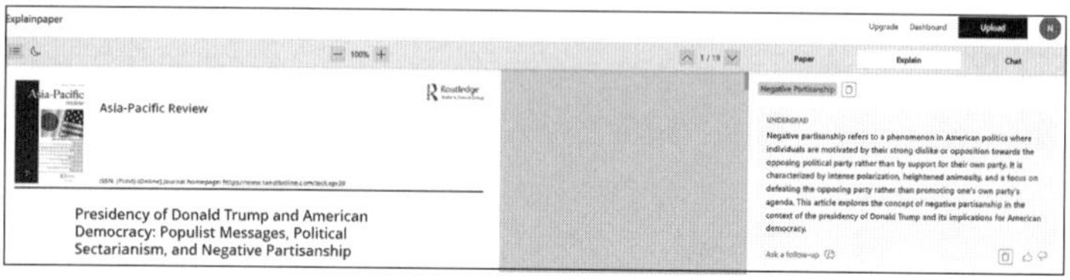

（出典：https://www.explainpaper.com/）

“Negative partisanship refers to a phenomenon in American politics where individuals are motivated by their strong dislike or opposition towards the opposing political party rather than a strong affinity for their own party.”（「否定的党派性とは、アメリカ政治において、自党への強い親近感よりも、対立政党への強い嫌悪感や反発が動機となる現象を指す。」）

このように、結構しっかりした説明が提示されています。では、“populism”という用語ではどうでしょうか。

図：Explainpaper を使ってみたところのスクリーンショット③

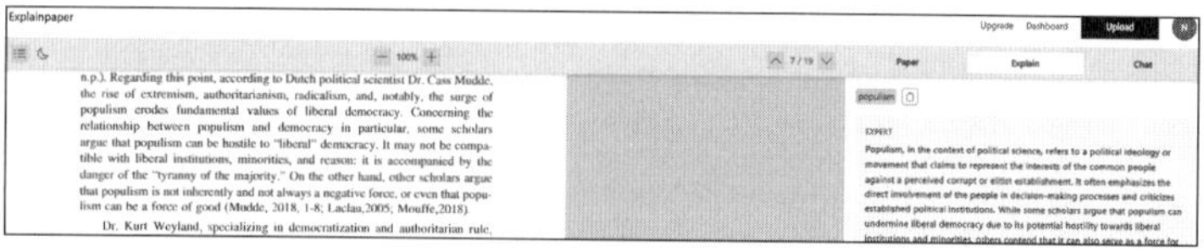

（出典：https://www.explainpaper.com/）

“ Populism, in the context of political science, refers to a political ideology or movement that claims to represent the interests of the common people against a perceived corrupt or elitist establishment.”（「ポピュリズムとは、政治学の文脈では、腐敗した、あるいはエリート主義的体制に対し、庶民の利益を代表すると主張する政治イデオロギーや運動を指す。」）

これも悪くない解説だと思います。すべての学術用語に対して完璧に正確な説明が提示されるわけではないので、結局は学術書やネット検索などを併用してダブルチェックが必要だと思いますが、学部生など、初学者が論文に取り組むときには手助けになってくれそうなツールだと思います。

Explainpaper 以外にも、**Perplexity.AI** という AI 検索エンジンを使う手もあります。Perplexity.AI は Google Chrome のアドオンとして使えますので、チャット欄に“What is negative partisanship?” などと打ち込むと回答が出てきます。Perplexity.AI が返してきた回答（およびそれを DeepL で訳したもの）は以下のようなものです。

“Negative partisanship is a phenomenon where some voters form their political opinions primarily in opposition to political parties they dislike[1]. It is the tendency to support a political party or candidate based on dislike for the opposition[2]. Negative partisanship is different from traditional partisanship, which involves supporting the policy positions of one’s own party. Negative partisanship has been claimed to be the cause of severe polarization in American politics[1]. It has also been studied in other countries such as Canada, Australia, and New Zealand[1]. Negative partisanship has been on the rise in the US and beyond, and it has significant consequences for politics and democracy[3]."（「ネガティヴ・パルチザンシップとは、一部の有権者が、自分が嫌いな政党への反発を主体として政治的意見を形成する現象である [1]。反対派への嫌悪感に基づいて政党や候補者を支持する傾向である [2]。ネガティヴ・パルチザンシップは、自党の政策ポジションを支持する従来のパルチザンシップとは異なるものである。ネガティブ・パーティシズムは、アメリカ政治における深刻な分極化の原因であると主張されている [1]。また、カナダ、オーストラリア、ニュージーランドといった他の国でも研究されている [1]。ネガティヴ・パルチザンシップは米国内外で増加傾向にあり、政治や民主主義に重大な影響を及ぼしている [3]。」）

これはなかなか良い説明だと思います。また Perplexity.AI は参考文献も挙げてくれているので、場合によっては参考文献も一緒に読んでみると理解が深まるでしょう。

補足：Perplexity.AI と同様の機能を持つ Google Chrome のアドオンとして 42 頁で出てきた **SciSpace** を利用する手もあります。ウェブストア経由で Chrome に拡張機能として SciSpace をアドオンし、PDF をアップロードすると右側にチャット画面が出てきます。そこに論文に関する質問を投げると質問が返ってきます。SciSpace は論文の要約や内容の把握にも使えるし、専門用語の解説にも使えるというわけです。体感上、Perplexity.AI とあまり変わらない印象です。

COLUMN

ChatGPTに画像やPDFをアップして作業する

2023年10月現在、ChatGPTには画像を添付することができるようになっています（GPT-4→「Default」と進み、左下の画像添付アイコンをクリックし、画像をアップする）。また、GPT-4→「Default」→「Advanced Data Analysis」と進めば、PDFを添付して内容を精査することも可能になっています。

図：ChatGPTに画像を添付したところ

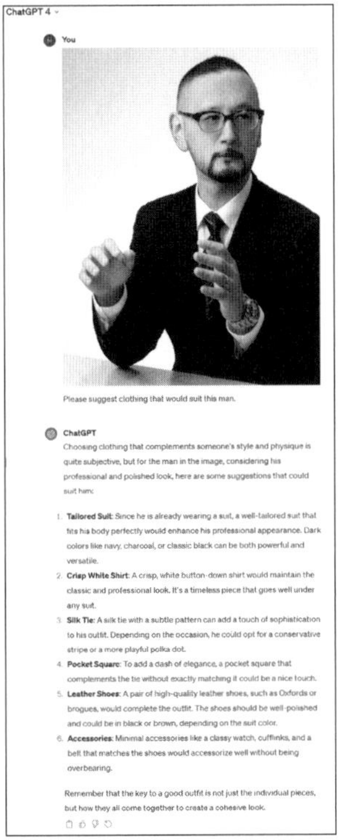

試しに、筆者は自分の写真をアップして、「似合うファッションをおススメしてほしい」と入力しましたが、割とふつうの回答しか返されてきませんでした…（ChatGPTでも回答に困るほど、ファッションセンスがないのでしょうか）。

各自でいろいろな使い道を工夫してみてください。

第 2 章

調査を行う、論文を書く

「調査をする」ことも、研究者にとっては重要な活動のひとつです。もう何年も前のことですが、蓮實重彦氏と山内昌之氏の対談を読んでいたところ、長年の研究活動を通じて、研究者には「生きた体験の層」が蓄積されているはずであり、それは無意識に研究アウトカムに影響を与えうるということを話されていました。少し長くなりますが、蓮實氏による以下の発言が印象に残っています。

歴史的な研究をする場合に史料の読解が重要な役割を演じることはいうまでもありません。しかし、解読される対象としての史料の側にも解読する主体の側にも、研究と直接関係のない多くの無駄なものがこびりついている（中略）。もちろん、分析すべき主題にとっては何ら関与性のないもので、いわば無視することの可能な雑音です。たとえば、マクシム・デュ・カンの文献を読んでいたとき、これはある時期までパリの郊外のシャンティイーの学士院図書館に置かれてあり、夏のある時期しか開いていないその図書館に通うのはかなり厄介なことでした。まず、誰かに紹介してもらえなければそこの閲覧は許されない。また、駅からはかなり遠い。昼食をとるレストランも近くにはない。だから、史料に到達するにはかなりの時間を無駄に過ごさねばならなかった。（中略）駅に帰るには近道を通って行きたまえと老齢の副館長が図書館の裏口から送り出してくれたのですが、目の前に拡がっていたのは有名なシャンティイー競馬場の草原で、そこを無造作に横切ってゆくときに踏みしめた芝生の茂みの厚さが、いまも足の裏によみがえってきます。（中略）自分の内部や外部に 個人の分析力や想像力だけでは処理できない過剰な何かをどのぐらいかかえこんでいるかということも、研究の質を決定しているように思えます。（蓮實重彦・山内昌之『20 世紀と

の訣別』（岩波書店、1999 年）、32–33 頁）

博士論文の執筆のために全米のアーカイブスをめぐる過程で、筆者も必ずしも言語化できない体験の蓄積が対象への理解や研究手法の体得といった形で、自身の研究活動に影響を与えていることを実感させられることが多かったです（そうした経験を経て書かれた筆者の博士論文は、『ニューディール期民主党の変容』として、慶應義塾大学出版会から 2008 年に公刊されています）。いろいろ試行錯誤を重ねてリサーチを行う過程でも、研究者はそこから学ぶことが多いと思います。

ここでリサーチ中の思い出話をしても仕方がないので、研究上必要なリサーチ手法の変化とツール活用に絞った上で話をしたいと思います。

2-1：資料やメモを管理する

筆者が博士論文のリサーチを始めたころ、論文を書くのに必要な文書はアーカイブスに行って閲覧し、コピーをとっていました。アメリカの公文書館に出向いても、今ではコピー機に向かっている人はほぼ絶滅した印象があります。みんなカメラで資料を撮るか、せいぜい PC に文書の内容を手打ちしています。

２冊目の単著である『分極化するアメリカとその起源』（千倉書房、2015 年）を書いていた際には、やはりアメリカ中のアーカイブスを訪ね歩いて朝から晩まで文書を読み、ルーズリーフに筆記体で重要箇所を写し取っていました(下記写真参照)。これを後で読みなおし、論文に反映したり引用したりしていたわけです。

図：筆者がアメリカの公文書館にある古文書を手うつししたもの(2008年ごろ)

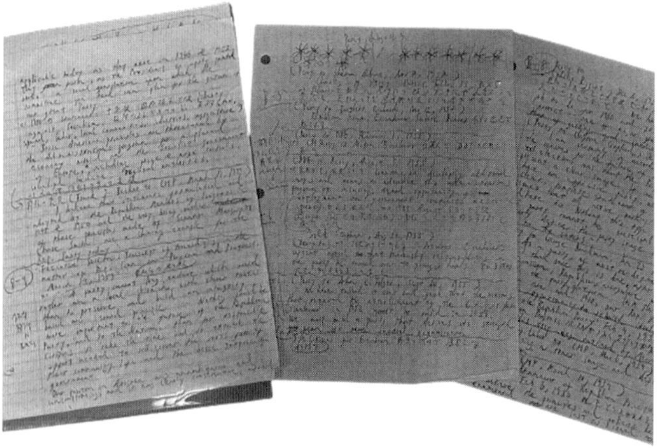

また、論文や単著を書く際に必要とされる二次文献に関しても、筆者は、単著や論文を読んではノートに抜き書きを作っていました(次頁の写真参照)。やはり、これを後で読みなおし、論文に反映したり引用したりしていたわけです。

若い読者の方々には想像すらできないかもしれませんが、筆者が研究の世界に入った四半世紀ごろ前だと、このような手書きノートやメモといったアナログ手法による論文作成がまだ行われていたように記憶しています(筆者が古かったのかもしれません)。筆者自身も、よくこんな方法で論文や本を書いていたものだと我ながら感心します。大学院生だった当時、効率的な研究ツールが開発され、利用方法が普及していたらなあ、と思うこともあります。

図：筆者の手書きの研究ノート（二次文献の必要箇所を手で写したもの）

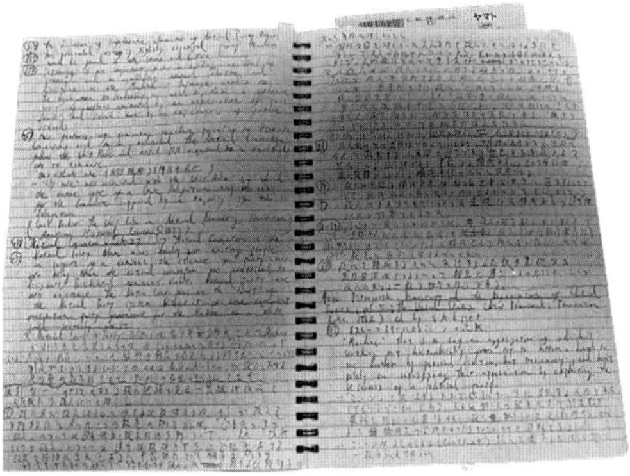

梅棹忠夫氏の『知的生産の技術』（岩波新書、1969年）では、手帳やノート、カードを使って情報管理するやり方が提案されています。梅棹氏が特に推奨しているのはB6判のカード（いわゆる「京大式カード」と呼ばれるもの）に情報を記す方法です。梅棹氏は情報を記したカードをファイルに綴じ、50枚程度に小分けして持ち歩き、それを見ながらいろいろ考えていたようです。

現在の研究者全員に聞いて回ったわけではないですが、いまやカードを手書きで作ってキャビネットに保存している人は少数でしょうし、50枚程度の京大式カードを散歩時に持ち運びながら思索にふける人も（多分）いないでしょう。関満博氏が2002年に出版した学術生産術の本である『現場主義の知的生産法』（ちくま新書、2002年）でも、若いころの関氏は京大式カードで情報を管理していたと書いています（35歳時点で3万枚のカードを作ったそうです）。しかし、関氏は徐々にカードを使わなくなり、やがて3万枚に及ぶ図書カードを廃棄し、京大式カードに記された情報も10年以上読みもしなくなったと書いていました。関氏によれば、「数万枚を作成するための膨大な時間を無駄に使っていたのではないかと深く後悔」しているとのことでした。「したがって、大学院生などには決して勧めない」とも。

現在では、急速に進むデジタル技術の発展・普及に伴って、資料や文献を管理する仕方も変わってきていると思います。10年ほど前には京大式カードではなく、**Evernote**を使っている研究者をよく見かけました。Evernoteはテキスト、画像・映像などを書き込めるメモアプリでした。Evernoteにはウェブクリッパー機能があったので、ウェブで気になった記事をメモと一緒に保存することができて便利でした。また、Evernoteはパソコンだけではなく、スマホやタブレットからもアクセスできる点も利便性が高かったです。今は使う人が減っているのか、2021年をもってAmazon AppstoreからEvernoteは削除されたようです。

代わって、**OneNote**や**DevonThink**、あるいは**Notion**などを利用してメモを作成している研究者もいるようですが、筆者はこれらのアプリは利用していません。**Scrivener**というソフトには「バインダー」という機能があるようで、書き進めている原稿と資料を画面上に並置して表示できるようです。

筆者がなぜこれらのメモアプリを利用していないかというと、**論文をダウンロードしてPaperpile（25頁以下を参照）に保管して必要事項を書き込んだ後はWordなどに直接文章化していき、資料や二次文献からの抜き書きやアイディアを記したメモを介在させない**ようにしているからです（かえって手間がかかりそうです）。

ただし、このあたりは個人差がありそうなので、興味があれば、OneNoteやScrivenerといったツールを駆使してメモや資料をスムーズに論文に取り入れていくとよいかもしれません。

COLUMN

研究補助ツールあれこれ

ここまで紹介してきた以外にも、研究に活用できるいろいろなデジタルツールが存在しています。

1. 剽窃チェックツール→レポートや論文の剽窃をチェックすることができるツールです。本文とソースの一致度・類似度などを計測できます。iThenctiateやコピペルナーなどが有名です。査読レポートや学生のレポートなどを採点するときに重宝します。
2. Atlas.ti、CAQDAS、Dedoose、MAXQDA→いずれも定性的分析の補助ツールです。筆者は自分自身で使用したことはありませんが、テキスト、画像、オーディオなどのデータを管理・分類したり、コーディングしたり、可視化したり、文字起こしや注釈つけなどができるようです。
3. TimelineJS→タイムラインを作成するツールです。学会報告などで、ある人物の生涯などを時系列で提示するときに便利です。実例として、以下では有名な歌手であったホイットニー・ヒューストンの人生が時系列で示されています。

TimelineJSの実例の QRコード

2-2：クラウドワーカーと連携する ―― 研究活動のギグ・エコノミー化？

研究に必要な作業をすべて研究者自身で実施できれば、それに越したことはありません。

ですが、現実的にはそれは無理です。たとえば、筆者が科研費をいただいて実施している研究では、アメリカ中の文書館から歴史的資料を集め、それをスキャンしてOCRにかけ、自然言語処理(Natural Language Processing)の手法で分析するという大それたことをやっています。全米の資料館から資料を集めるのは本当に大変でしたが、その後はもっと大変でした。資料が古すぎて、OCRをかけた文書がほとんど文字化けしてしまったのです！

これでは分析できないではないか…。そう思った筆者は、OCRの文字化け修正を引き受けてくれないかと大手の英文校正業者数社に依頼を出してみました。1社からは無視され、もう1社が送ってきた見積り書には、2万5000単語(Wordにして24ページ)のOCR修正で「13万円」と記してありました。手元にある歴史文書でOCRが失敗したページは、総数で何ページあるか、想像もつきません。いったい何百万円かかるんだろう…。筆者は頭を抱えました。

筆者がたどり着いたひとつの答えが、ChatGPTに補正させるというものでした。「これなら無料でできるではないか！」と思ったのも束の間、ChatGPTは修正箇所が多すぎる文書だと、勝手に単語を（おそらく文脈から）補い、ときには文章まで勝手に補ってしまいます（なぜこのようなことが起きるのか、大規模言語モデル／自然言語処理をやっている人に説明をお願いしたいところです）。古文書の欠損を埋めるだけではなく、勝手な単語や文章を補ったとしたら、それは偽文書であり、もはやフェイク・データです。またも筆者は頭を抱えました。

そこで、**「インターネットを介して、不特定多数のクラウドワーカーの方々を直接雇用して、仕事を依頼するやり方」**の出番となります。いわゆる、「クラウドソーシング」とよばれるものです。会社を通すと、どうしてもOCR修正をやってくださる方の人件費だけではなく、仲介料や管理費などがかかります。企業に依頼すると単価が高くなるのはそういうわけでしょう。ならば、直接ワーカーさんを雇えばよいではないか――、そう考えたわけです。

ヒントになったのは、マシュー・サルガニック氏の『ビット・バイ・ビット』（有斐閣、2019年）という計算社会科学の教科書です。その本の第５章には**デジタル時代における研究でのマス・コラボレーションの例**が取り上げられています。そこで取り上げられているのは、１：ヒューマン・コンピュテーション、２：オープン・コール、３：分散データ収集の３つです。以下、この３つについて簡単に説明します。

●ヒューマン・コンピュテーション→研究者が独力では遂行できない（大規模な）タスクを円滑に進めるため、それらのタスクを分割し、クラウドワーカーに委託することで作業を遂行するもの。『ビット・バイ・ビット』では50か国の1000近い政党から4000ものマニフェストを収集し、各国の政治学者が共同作業でそれらをラベル付けしたマニフェスト・プロジェクトが例として紹介されています（『ビット・バイ・ビット』、245頁）。

●**オープン・コール**→研究者がクラウドワーカーに課題を提示して答えを募り、そこから最善の回答を選び取るもの。『ビット・バイ・ビット』では、Netflix社が同社が保有する大規模なデータを公開し、リコメンデーションエンジンのアルゴリズムを最も効果的に改善できたものに成果報酬を支払ったという、「Netflixプライズ」が取り上げられています（『ビット・バイ・ビット』、251頁）

●**分散データ収集**→クラウドワーカーによってデータを大規模に収集するもの。『ビット・バイ・ビット』では、世界中に散らばる25万人の参加者から2億6000万件もの鳥のデータを集めた「eBird」が紹介されています（『ビット・バイ・ビット』、263頁）。

以上を踏まえて、筆者は**クラウドワークス**にクライアント登録しました。古文書のOCR化文字化け部分をクラウドワーカーに修正してもらうためです。いわば、クラウドワークスを通じて、ヒューマン・コンピュテーションを図ったというわけです。

このクラウドワークスというのは日本の企業で、仕事をクラウド経由で発注できるオンラインの人材マッチング・サービスです（成田悠輔さんの実弟・成田修造さんがかつて取締役執行役員を務めていたことでも知られています）。筆者は今のところクライアント側としてしか登録していませんが、いずれ（引退後）はワーカーとしても登録したいなと考えていたりします。

クラウドソーシングが社会にいかなるインパクトをもたらすのか、また、クラウドソーシングの長所・短所にはどのようなものがあるのかについては、森嶋厚行氏の『クラウドソーシングが不可能を可能にする』（共立出版、2020年）に記載があります。詳しい議論を知りたい方々は、ぜひ森嶋氏の本を参考になさってください。

図：クラウドワークス社のトップページのスクリーンショット

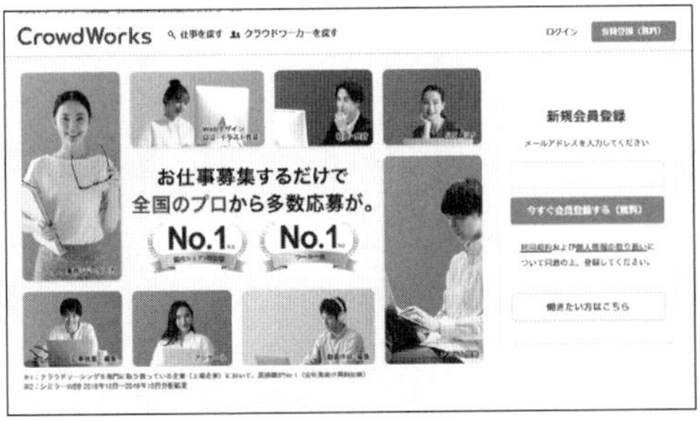

（出典：https://crowdworks.jp/）

筆者はクラウドワークスに登録しましたが、ほかにも**ランサーズ**、**シュフティ**、**Conyac**、**ココナラ**、**BizSeek**、**Craudia**、**キャスタービズ**、**サグーワークス**、**shinobi ライティング**、**SKIMA**、**TANOMUNO** など、多くの競合他社があるようです。

筆者はクラウドワークスしか使ったことがないので比較はできません。Conyac は、もとは翻訳サービス用のクラウドソーシングサービスだったようですが、日本から世界各国のクラウドワーカーに仕事を依頼することができるようです。サグーワークス、shinobi ライティングなどはライティング、SKIMA や TANOMUNO はイラストに特化したクラウドソーシングのようです。自分の需要に応じて使い分けるとよいのではないでしょうか。

鹿島久嗣ほか『ヒューマンコンピュテーションとクラウドソーシング』（講談社、2016 年）という本によれば、アメリカの代表的なクラウドソーシングサービスである Amazon メカニカル・ターク（MTurk）は専門知識を必要としないマイクロタスクを中心に仕事のやり取りがなされていて、古いデータながら、平均的なワーカーは週に 8 時間以内の労働を MTurk で行って 10 ドル以内の報酬を得ているということです。

アメリカにはこの MTurk のほか、**Upwork** といったクラウドソーシングを提供するプラットフォーム企業があります。Upwork で Japanese Jobs を試しに見てみると、通訳や翻訳の依頼が多いようです。次に、Political Science で検索すると、結構いろいろなものが出てきます。英語校正や投稿アシストなどに交じって、なかには、「論文の Literature Reviews や Research Articles そのもの、Systematic Literature Review などを書きます」とか、「リサーチ代行します」などというワーカーもいました。

クラウドワーカーに論文を丸々書かせるのはアウトな気がしますが、外国の資料館に代わりに行って、指示した歴史文書をコピーして送ってもらうというような使い方ができるなら、意外に魅力的かもしれません。

やり方は簡単で、クラウドワークスのページにアクセスし、登録するだけです。あとは仕事内容を詳細に記した案件を仕事募集のコーナーに出すだけです。

そして、応募してきたワーカーさんがいたら、やり取りをして細部を詰めていきます。たとえば、OCR の文字化け修正作業だったら手書きの箇所を飛ばしていいのかとか、1 単語いくらで引き受けてくれるかとか、そういう条件を詰めていくわけです。業者に依頼するよりも安価で腕のいいフリーランサーのワーカーさんを見つけられることもあります。参考まで、筆者の仕事募集ページは以下のようなものです。筆者がお願いしたワーカーさんは丁寧に作業してくださる方で、企業に頼むより安価でしたし、本当に助かりました。

図：クラウドワークス社で仕事を外注したところのスクリーンショット

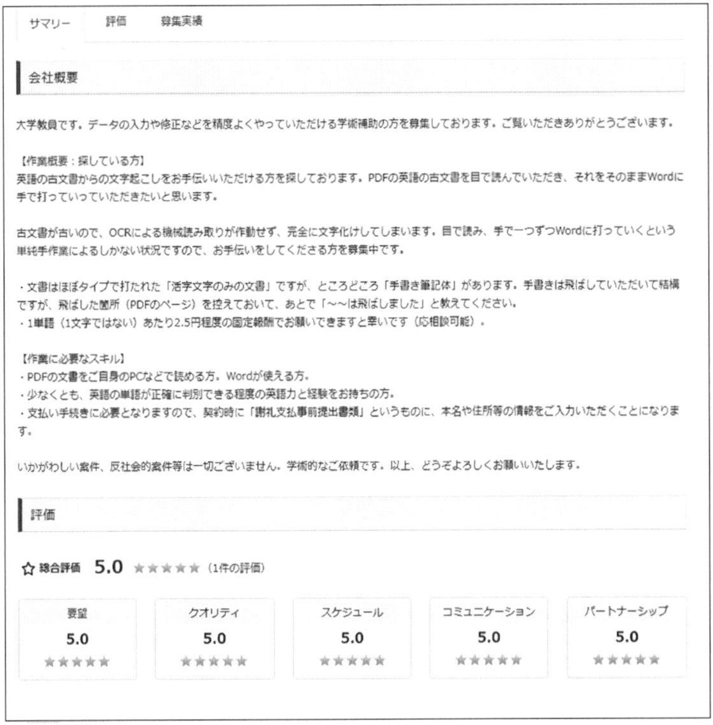

（出典：https://crowdworks.jp/）

2-3：クラウドソーシングの長所・短所

サルガニック氏は『ビット・バイ・ビット』において、クラウドソーシングは研究のプロセスをより開放的にし、多数の非専門家の力を結集することで、かつては独力では実行不可能であった研究を可能にする利点があると指摘しています（シチズン・サイエンス）。クラウドソーシングはこのような研究プロセスの民主化を含め、大きな可能性を持っていると思います。

しかし、クラウドソーシングによるヒューマン・コンピュテーションにもそれなりに課題がある気がします。

第一の課題は、『ヒューマンコンピュテーションとクラウドソーシング』でも指摘されていますが、クラウドソーシングによる成果の品質管理です。ケアレスミスや抜けはもとより、意図的に手抜きやサボりを行うクオリティの低いワーカーもいれば、ランダムに適当な作業をするスパムワーカーも実在するそうです。

以前話題になっていましたが、MTurkを利用して得られる世論調査データの信憑性が怪しいのではないかという指摘が出ていました。MTurkを利用してサーベイデータを集めたり、実験を行う研究者は多かったようですが、人間ではなくボットが回答しているなど、得られた成果やデータに汚染（contamination）が生じている可能性があるとのことです。

第二に、クラウドソーシングはサービス利用料を含めても、なお業者に依頼するよりは安いのは確実と思いますが、やはりお金がかかります。たとえば、筆者の場合1英単語3円でOCR化の修正をクラウドワーカーに依頼しましたが、それで9万円少々のお金がかかりました。業者は同じ作業を13万円と言っていたので、それよりは安いですが、潤沢に資金を用意しておかないと研究が遂行できなくなります。**再度あらためて、「研究には高額の資金が必要である」ことを強調したい**と思います。

かつて、研究者が研究する際には、カードに文献や論文の該当箇所を抜き出したり、資料を手書きで書き写したりするなど、多くの作業を独力の手作業に頼っていたと思います（55頁以下参照）。今は、このような作業の多くはさまざまな形で省力化できるようになっています。オンライン上のプラットフォームにはいろいろな技能を有するワーカーが存在します。これらの人々に作業を委ねることで、学術研究のいっそうの効率化が図れると思います。いわば、研究活動のギグ・エコノミー化が生じているのではないでしょうか。

COLUMN

ChatGPTのアドオンあれこれ

ChatGPTにはさまざまなアドオン機能が開発され、利用可能になっています。第1章で紹介した論文を見つけるためのアドオンツールであるScholarAIはその一例です。これらのアドオンは有料版でしか使えないのですが、以下のようなアドオンが存在しています。アドオンはおびただしい数存在するので(なかにはExpediaやKAYAKなど、旅行や飛行機のフライトなどに特化したアドオンさえあるようです)、ここでは筆者が特に有益だと思ったものだけを厳選して紹介します。

1. AI PDF→オンライン上のPDFファイルの内容を分析し、要約を作ったり、情報を検索・抽出したりできるツール。
2. CoderPad→多数のコンピュータ言語のソースコード／スクリプトの内容判定を行ったり、ソースコード／スクリプトを指示して書かせることができる。
3. daigr.am→データを投げると、それをグラフ化してくれるアドオン。

今後も数多くのアドオンが開発・実装されていくと思いますが、用途に合わせて柔軟に取り入れていきたいと思います。読者の方々も、特に有料版ChatGPTをお使いの方々はせっかくの機会なので、いろいろと試されてみてはいかがでしょうか。

2-4：論文を書く

メイソン・カリー『天才たちの日課』（金原瑞人・石田文子訳。フィルムアート社、2014年）という本があります。これは古今東西の学者、作家、音楽家、芸術家などがどのような日常を過ごしつつ成果をあげていたのか、いわば「創造性のプロセス」を示した本です。創造性を上げるために、散歩や運動を日課にしていたという人もいれば、コーヒーやタバコ、アルコール類、果てはアンフェタミンや睡眠薬を常用していたなどという例まで紹介されています（言うまでもなく、薬物などは違法行為なので絶対にやってはいけません）。変わったところだと、フリードリヒ・シラーは仕事部屋の引き出しに腐ったリンゴを入れていたと書いてあります（リンゴの腐敗臭が執筆を促す刺激になると考えていたとかなんとか）。マルセル・ジュアンドー（小説家）は建物の最上階にある部屋でないと執筆ができなかったようですし、いろいろなこだわりを持った人がいたようです。

バラス・スキナー（アメリカの行動心理学者）の項目には以下のようなことが記されています。

七時頃になると、書斎へ下りていく。書斎はクルミ材の鏡版を張った部屋で、地下にある。仕事机は細長い北欧モダン風のテーブルで、自分で作った棚がついている。その棚に自分の著作物やノートや、いま手掛けている本の概要や、辞典や辞書などを並べている。机の左側のサイドテーブルには、大きな『ウェブスター国際辞典』がのっている。右側にはファイルボックスがあって、

> 現在進行中、またはこれから書きはじめる原稿の材料がすべて入っている。机の前にすわると、特別な電気スタンドをつける。これによって、机の前にすわっている時間を計る時計のスイッチも入る。その合計が十二時間になるたびに、グラフに点を記入して、累積曲線を作っていく。その傾きが相対的な生産性を示す。机の右には電子オルガンがあり、毎日数分間、そのオルガンでバッハのコラールなどを弾く。(『天才たちの日課』より引用)

同じく、作家や学者の創作スタイルをインタビュー形式で追ったジャン＝ルイ・ド・ランビュール『作家の仕事部屋』(岩崎力訳。中央公論新社、2023年）でも、ロラン・バルト（フランスの哲学者）が執筆のために用いる万年筆に並々ならぬこだわりを持っていたとか、エルヴェ・バザン（小説家）が執筆を行う際には机の周りに辞書や参考文献、執筆用の道具を手が届くように円形に配置していないと仕事ができなかったとか、いろいろなことが書かれています。

これらの記述からわかるように、執筆に適した環境を整えることも大変重要です。某大学が研究者の個人研究室を廃止して訴訟になったというニュースが話題になっていましたが、研究室が提供されなければ、少なくとも大学で研究して生産性を上げることは難しいでしょう。以下、筆者が重要だと思う執筆環境についてご説明します。

COLUMN

ライターズ・ブロック

ミシェル・トゥルニエ氏は「白い頁をまえにした時の不安や苦悩がどんなものか、私は知りません」と述べています。締め切りを目前に、書かなければいけない原稿に一字たりとも着手できていない、いや、そもそも書こうとしても書けないという恐怖の経験を味わった研究者は少なくないと思います。それを味わったことがないというトゥルニエのような人は、非常にラッキーである気がします。村上春樹氏が言うように、ものを書いていくというのは煉瓦職人が地道に煉瓦を積んでいくようなもので、忍耐力・持続力が要求される孤独な作業です（中島らも氏は、生前こうした作業を「田植えのようだ」と形容していました）。この本を読んでいる多くの人は、**何かを書きたくてもうまく書けない状態、すなわちライターズ・ブロック**を経験している人は少なくないのではないでしょうか。

ホフマンスタール氏は『チャンドス卿の手紙』（光文社古典新訳文庫、2018年）の中で、何ごとかを語ろうとしても「言葉が腐れ茸のように口のなかで崩れてしまう」状態に陥ったことを記しています。三島由紀夫氏に『鏡子の家』という作品があります。あの作品は5人の登場人物を通じて、昭和30年代という同時代の雰囲気（ニヒリズム）を描いたものだという意見がありますが（三島自身もそのように語っています）、なるほど時代の雰囲気は『鏡子の家』の背景ではあるでしょうが、筆者はあの小説にはより重要なモティーフがあると思います。それは、「自己の創造性の喪失」、いわゆる「スランプ」、「ライターズ・ブロック」ではないかと思うのです。人生の虚無と無為に囚われた人々の物語とでも言うべきでしょうか。

研究者もこうしたスランプに陥ることがあるように思います。原因はさまざまでしょう。将来に不安があって生活が安定しない、仕事上や私生活のトラブル、病気、研究意欲の喪失…潜在的な原因は枚挙に暇がありません。ディーン・クーンツ氏は「働きすぎ、自分の作品に対する嫌気、自信喪失、経済的不安、身近なものとの感情的こじれ」という、スランプを招く5つの要因をあげています。

筆者は重度のライターズ・ブロックに襲われたことは幸いにしてありませんが、加齢とともに、机に向かって研究・執筆を開始するまで何時間もかかるようになってきました。それも年々ひどくなっていきます。集中力や効率も大きく落ちた気がします。村上春樹氏も言うように、生命力と気力、持続力、体力に溢れていた若いころには、これは苦になりませんでした。大学院生のころは朝7時半に大学に到着し、8時過ぎから正午ごろまで勉強をして、その後散歩をして夜まで研究を続ける生活を365日×約10年間も続けていました。当時は食生活もめちゃくちゃだったし、お金もなかったし、よくあんな生活が続けられたものだと思います。

創造性を上げるために散歩や運動を日課にしていたという人がいるという話を先ほど書きました。創作を継続するためにコーヒーやタバコ、アルコール類、果ては薬物まで使用していた人もいたということも指摘しました。スティーブン・キング氏は『書くことについて』（田村義道訳。小学館、2013年）の中で、仕事場からは電話やテレビ、ゲームなど気が散るものはすべて取り除くが、音楽（AC/DCとかガンズ・アンド・ローゼス、メタリカなどを聴くらしいです）はガンガン鳴らしていると書いていました。創作活動がもたらすストレスは大きなもので、仕事に集中するために、みんな大変な苦労をしているということなのでしょう。

筆者も散歩をなるべく欠かさないようにしていて、仕事中はYouTubeや Amazonプライム、Netflixなどを流しっぱなしにして、映画やアニメ、音楽、ドキュメンタリーやニュースなどを片っ端から見聞きしながら作業しています。ちなみに、筆者の YouTubeの音楽プレイリストは以下のものです(おススメの音楽があれば、ぜひ教えてください)。

筆者の YouTube プレイリスト

残念ながら、ライターズ・ブロックを防ぐアプリなどは存在しないでしょう。ライターズ・ブロックに陥らない、あるいはライターズ・ブロックを克服するためにも、さまざまな工夫が必要だと考えています。

研究者も人間なので、研究や教育、公務・雑用ばかりしているとストレスが著しく溜まります。研究者間の競争の激しい分野などだと、いろいろ知的刺激を受けるチャンスも多いようですが、同時に競争上のストレスも非常に強いようです。ストレスが強い環境では焦りや失望、無力感、孤立感を招きやすく、ライターズ・ブロックに陥りやすい気がします。家族と過ごす、あるいは趣味を持つなどしてストレスを軽減する策を講じる必要性があるのではないでしょうか。

2-5：WordかLaTeXか

研究者をやっていると、さまざまな原稿を執筆する機会が多いです。

たとえば、本や論文、学会発表のスライド、学生の答案の添削、新聞やブログの記事、SNSの投稿など。これらの多くの原稿執筆というのは、これまではパソコンとか、あるいはタブレットなどを使って、手打ちでやってきたと思います。つまり、これまでの原稿執筆というのは、ほとんどの場合が「手作業」だったわけです。

いまどき原稿用紙で論文を書いている人はほとんどいないと思いますので、原稿用紙の使い方などは割愛します。筆者自身、原稿用紙で論文を書いたのは1997年に学部のゼミに入るとき、ゼミ課題を原稿用紙で執筆したのが最後だったと思います。

加えて言うと、さすがに自分のPCでMicrosoft Wordを使って論文を書くというのはすでに多くの人ができると思うので、ここでは説明しません。**WordはWYSIWYG（What You See is What You Get：見たものがそのまま成果物になる）方式で、画面で確認しているものがそのまま文書**になるのが利点で、使いやすいです。いろいろな文書作成ソフトがありますが、文字を中心に執筆をする場合、Wordが使いやすいように感じます。

対して、**数式を多用する文書・論文を執筆する場合、LaTeXのほうが便利**だと思います（この本はWordで執筆しています）。また、同じ論文を複数の著者で執筆する場合には、Word文書の共有よりは**Overleaf**というオンライン・ツールを通じて、LaTeXで複数著者が共同執筆するほうがやりやすい気がします（もちろん、Word形式の文書でも、Googleドキュメントやビジネス版Dropboxで文書を共有すれば執筆者全員で共同執筆できますので、LaTeXの記法に習熟していない方はこちらのやり方をおススメします）。Overleafの入門書としては、坂東慶太『インストールいらずのLATEX入門』（東京図書、2019年）があります。

さらに、学会報告のスライドをLaTeXの**Beamer**というパッケージを使って作成する人を社会科学分野でも見かけます。筆者は特にPowerPointで不自由を感じないのでスライドはPowerPointで作成しています。しかし、数式を多用する分野の学会報告などではBeamerを使用するほうがいいと思います。WordやPowerPointなど、マイクロソフトのツールは総じて数式表現を行う際には煩雑に感じることが多いです。

LaTeXには上記の板東氏の本のほか、いくつか優れた入門書がすでに公刊されています。入門書としては水谷正大『LATEX超入門』（講談社ブルーバックス、2020年）、定評のあるテキストとしては奥村晴彦・黒木裕介『LATEX2ε・美文書作成入門』（改訂第8版、技術評論社、2020年）が有名です。ぜひ参照してみてください。

2-6：デスク環境の構築・執筆用機器の選択

読者の方の多くは、何かを書くときはキーボードを指で打っているのではないでしょうか。その際のキーボードですが、筆者はロジクールのリモートキーボード（MX KEYS）をBluetooth接続で使っています。

図：ロジクールのリモートキーボード（MX KEYS）

基本はこれで問題を感じないのですが、手や指への負担を考えると、人体工学に基づいて作られたエルゴノミクスキーボードを導入したほうがいいのかもしれません。キネシスというブランドのセパレートモデル（Advantage 360）がいいなあと思っているのですが、やや高額（7万円）なので二の足を踏んでいて、この原稿執筆時点では購入していません。

著者は、マウスはエルゴノミクスマウスを使っています。普通のマウスだと手の甲が上を向くと思うのですが、研究者が長時間マウスを使って作業することを考えると、自然な角度で握れるマウスのほうが健康に良いと思うのです。筆者が使っているのはサンワサプライというメーカーのMA-ERGW8という製品です。手の甲が上を向かず、手首をひねられたような体勢にならずに済むので、大変重宝しています。

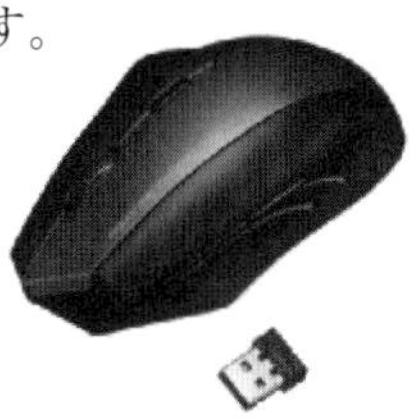

図：サンワサプライ、MA-ERGW8

（出典：メーカーのホームページより引用、https://www.sanwa.co.jp/product/syohin?code=MA-ERGW8）

また、著者はPCに2台のサブモニターを付けて、モニター3台体制で仕事をしています。正面向かって右側にI-O Dataの20.7インチモニターを横置きしています。さらに、正面向かって左側にIiyamaの23.8インチモニターを縦に置いています（縦置きモニターの最上部に、80頁で紹介するBenQのバーライトをくっつけています）。筆者のモニター体制は以下のような感じです。

図：筆者のモニター体制（3台のモニターを使っています）

加えて、筆者は外出先でも複数モニターで作業をしたいので、携帯用のPC専用のモバイルモニターとしてLenovo ThinkVision M14tを携行しています（専用のタッチペン付き）。これですが、やや高価ながらとにかく軽く、持ち運びやすいのでおススメです。携帯用のPCはパナソニックのLet's NoteのCF-QV、それにリモートのキーボード（ロジクールのK380BK）と折り畳み式の携帯マウス（サンワサプライのMA-BTIR116BKN)、そしてモバイルモニター

を持ち運んでいます。

モニターですが、iPadをPCのリモートディスプレイにするDuet Displayというアプリがあり、以前はそれを活用していた時期もあったのですが、バグがあったりしてうまく使えなくなりました。そこで、結局PC用のリモートディスプレイを別途購入し、それを持ち歩いています。今はアプリも改良されているのかもしれないので、資金に余裕がないとか、荷物が重いのが嫌だという人は、Duet Displayを入れてみるのも手です。Duet DisplayはiPhoneに入れることもできるので、iPhoneをサブディスプレイにすることも可能です（小さくて見にくそうですが）。アプリを入れたら、あとはPCとiPadを有線でつなぐだけです。

どうでもいいことですが、Apple社の共同設立者のひとりであったスティーブ・ウォズニアックの出張用バッグの総重量は23kgもあり、バッグの中には数台のiPhone、MacbookPro、複数のiPadにiPad用のキーボード、Kindle、ルーター…などなど、あらゆるガジェットが詰め込まれていたそうです。空港のセキュリティを通過するのに長い時間を要すると発言していた記憶があります。ちなみに、筆者が携帯用のガジェットをフル装備すると以下のようになります。

図：筆者が持ち歩いているガジェット全部（全部で8点あります）

写真を見るとわかりますが、携帯用のPCとモバイルモニター、キーボード、マウスのほか、iPad（マジック・キーボードを付けていますが､あまり使わないので今後は廃止する予定です）とiPhone（色はiPhoneもiPadも黄色が好きです)、Kindle、Apple Pencil、サブモニター用のペンを持ち運んでいます。これに各種配線や充電器が加わるわけです。正直、非常に重いです(笑)。

筆者はカバンはPorterのHEATという頑丈な素材のバッグを使っていますが、肩掛けストラップの金具の部分がすでに2回壊れました（バッグ本体は無傷)。重いカバンは身体に負担がかかりますので、カバンも慎重に選んだほうがいい気がします。

ちなみに、充電器はANKERのチャージャーを使っています。ANKERのチャージャーは使えそうなものが多いので、ワイヤレスチャージャーの導入などを真剣に考えています。

さて、デスク環境の話に戻ります。著者はPCモニターの上部に、机を照らすバーライトをつけています。BenQ ScreenBar Haloというnbsp;USBでPCに接続・給電するタイプのものです。手元の操作ダイヤルでライトの色や明るさを自由に調整できます。目にも優しく、とても重宝しています。夏場はやや暑く感じますが（笑)。

図：BenQ ScreenBar Halo

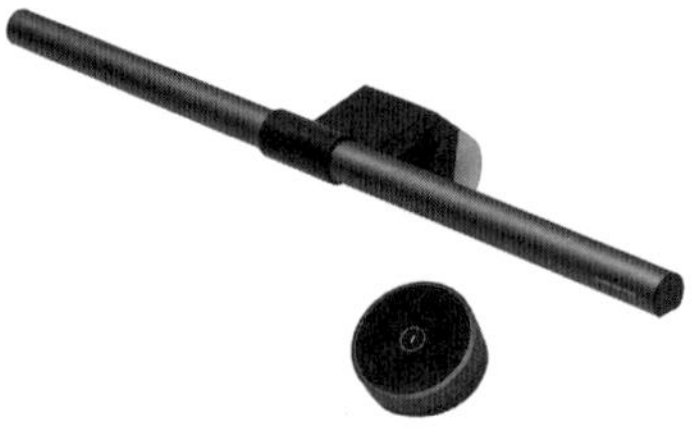

（出典：ベンキュージャパン提供）

ほかに使っているものといえば、エレコムのスイッチ付きのUSBハブを２基接続しています。スイッチ付きなので使わないときは切っておけますから、電力の過剰消費を防げます。PC左右のUSBポートに１基ずつ付け、HDDやマイク、Stream Deck（91頁で紹介します）などを割り振っています。

図：エレコムのスイッチ付きのUSBハブ

あとは書見台を自分の正面に置いて執筆に必要な書類や本を立てています。

筆者の執筆用の「デスク環境」はだいたいこんな感じです。このあたりは千差万別あるところだと思います。モニターの枚数や設置場所、モニターの大きさ、使用する機材の好みも個人差が大きいでしょう。ぜひ、ご自身に最も快適と思われるデスク環境をご構築ください。Noteにはデスク環境に関する専門記事が掲載されていたりしますし（https://note.com/goando/m/me3ed2026f6ac）、そういったものを詳しく読まれて、自分に必要と思われるデスクアイテムを揃えていかれてはいかがでしょうか。

このほか、デスクやチェアなどにこだわるのもありかと思います。筆者はまだ導入できていませんが、かねてから導入したいと思っているのが**スタンディング・デスク**です。

むかしG・W・ブッシュ政権の国防長官を務めた故ドナルド・ラムズフェルド氏はスタンディング・デスクを利用して執務を行っており、そのほうが効率が上がっていたという記事をどこかで目にしたことがきっかけです。Flexispotなどでは電動昇降機能のついたデスクを販売しているので、将来的にはこれをスタディング・デスクとして使いたいと思っています。以下はFlexispotの電動昇降デスクです。デスクを上げていけば、スタンディング・デスクとして使えます。

図：Flexispotの電動昇降デスク、E7 H

(出典：メーカーのホームページより画像引用、
https://www.flexispot.jp/e7-pro.html)

COLUMN

iPadをどう使うか

論文を読んだり、執筆したりするのはPCだけで行う作業ではありません。たとえば、筆者は第1章で紹介したPaperpileはPCとiPadで同期させており、出先でも論文を読んだり、Apple Pencilで書き込みをしたりしています。

あくまで個人的な感覚ですが、筆者のiPadはあくまで携行用で執筆はPCで行います。もっとも、DropboxやGoogleドライブで原稿を同期させ、携帯用キーボードを持ち歩けば出先でiPadでの執筆も可能でしょう。もちろんこのあたりは好みの問題だと思います。

iPadの付属グッズ:「りんごのへた」とペーパーライク・フィルム

Apple Pencilですが、筆者は「りんごのへた」という ai-leadさんが開発したペンホルダーを付けて使っています。たとえば、Apple Pencilを使って電車内で論文に書き込み作業をしていて、電車から降りる際にスーツの胸ポケットとかにサッとApple Pencilを挿せると便利です。ヘタ部分をポケットに引っ掛けられるので、前にかかんでもペンが落ちませんので、ペンを紛失せずに済みます。机にペンを置いても転がっていきません。

図：りんごのへた

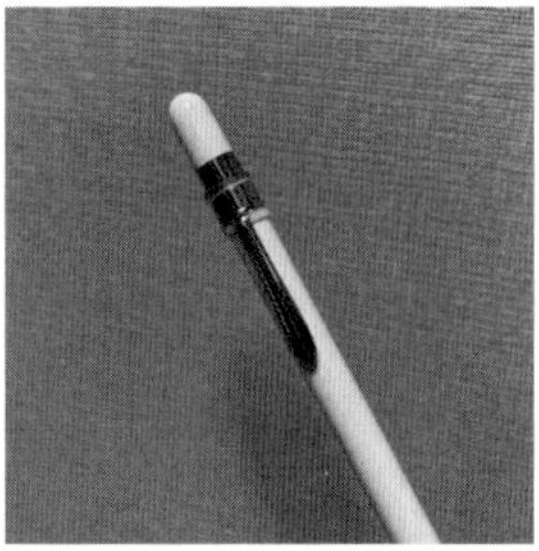

最近ではタブレット用のタッチ・ペンもいろいろな種類のものが出ているようです。筆者は Apple Pencil しか使ったことがないですが、エレコム、ロジクール、ヒューレット・パッカードなど、いろいろなメーカーがいろいろな品を出しています。いろいろ試してみて、最も使いやすいと思うものを選ぶとよいのではないでしょうか。

あと、iPad でメモを取ることを考えると、iPad に貼るフィルムを紙のようにスムーズなペーパーライク・フィルムにするほうが書きやすいです（iPad の画面むき出しだと傷つきやすく、保護の意味でもフィルムは何か貼るべきです）。以前はスムーズ・フィルム（単なるプラスチック・フィルム）を貼っていました。ところが、スムーズ・フィルムはスクロールしやすいものの、Liquidtext で論文 PDF に書き込むときなどよく滑るので、今は書き心地に優れるペーパーライク・フィルムを使っています。日本の MS Factory 製を使っていますが、滑らないので書き心地が良いです。

2-7：音声入力で執筆する

2-7-1：音声入力技術を活用してみる：VoiceInの導入

最近では、**音声入力の技術というのが非常に上がっていて、手(指)を使わずに原稿を書くことができるようになっています。**私も、しばらく前から極力手（指）を使わずに音声入力で原稿を書くように心がけています。

この方法を試すようになった発想の源流はいくつかあります。まず竹内均氏の『私の知的鍛錬法』（徳間書店、1980年）という本です。これは1980年に出た本なのですが、この本の中で竹内氏はテープレコーダーに文章を吹き込んでいき、人を雇って文章に起こしてもらって文章を大量生産していると書いていました。竹内氏はこんなことも書いています。

> **エレクトロニクスに関係した技術は、現在急テンポな進歩をしている。テープレコーダーに原稿を吹きこみ、秘書を使ってそれを字に直してもらうという作業も、やがてはもっと簡単なものになるかもしれない。コンピューターへ向かって何かしゃべると、それがただちにタイプされて出てくるといった機械である。こういう機械が作られるのも、案外に早いのではないかと私は思っている。**（『私の知的鍛錬法』、160頁）

今日の音声入力技術や生成AIの出現を予言していたかのような文章ですね。

さらに、ノーベル経済学賞を受賞するかもしれないと言われている経済学者のひとり、ダロン・アセモグル氏（MIT）が腱鞘炎になって、原稿を書くときに音声入力で書いているというようなエピソードを研究仲間の方が紹介してくださったことです。以前、Note で Otter 活用術について投稿したことがあって（Otter については 92 頁以下で解説しています）、もともと音声入力技術の導入に関心があったということもあります。

筆者は**音声入力ツールとして VoiceIn というものを使っています。**これは、Google Chrome 上の音声入力をさまざまな場所で可能にする拡張音声機能です。高い認識精度のために、実用レベルに耐えうる音声入力が自由自在にできるようになっています。

筆者はブログ投稿などの執筆は VoiceIn でやっていますし、SNS の投稿、メール返信、学生からきた Google クラスルームの質問への返信といった作業を VoiceIn から音声入力で行っています。結論から言うと…非常に便利です！手打ちのほうが早いと思われる方は手で打たれればよいと思いますが、手が不自由でも文章が書けますし、手打ちよりも早いのではないかと思うことも多いです。1 分間に 300 文字しゃべるとすれば、音声入力ならば 1 時間で 1 万 8000 字も書ける計算になります。生産性が上がるかもしれません（？）。使い方は簡単で、Chrome のウェブストアから拡張機能を追加するだけです。あとは Chrome の上部にある拡張機能のところの「VoiceIn」をクリックするだけです。

図：VoiceInの操作画面のスクリーンショット

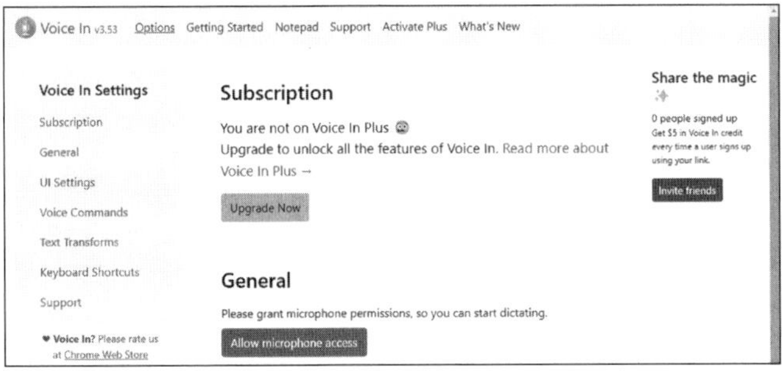

すると上記のようなページに移行しますので、「Allow microphone access（マイクの使用を許可する）」をクリックするだけです。あとは手持ちのPCに接続しているマイクに話しかければ自動的に文字入力を進めてくれます。入力時に言語を選択する必要があり、たとえば日本語で入力するときはJapanese（Japan）、アメリカ英語で入力するときはEnglish（United States）、イギリス英語で入力するときはEnglish（United Kingdom）を選択します。

VoiceInには有料版のVoiceIn Plus（1か月7.99ドル、年間契約だと1か月3.33ドル、永久使用権だと99.99ドル）もありますが、筆者は無料版を使用しており、現状無料版で不自由していません。有料版に切り替えると、句読点が自由に打てたり、無料版では対応していないSNSやサイト上でもVoiceInを使用できるようになったりするなど、無料版で制限されている機能が使えるようになります。メールやブログを執筆する程度の使い方ならば、無料版で問題がないように思います。

無料版だと、できあがった文章に句読点がありません。なので、できあがった文章に手作業で句読点をつけていくことが必要になります。人がしゃべるときは、基本的に「あのー」とか「えーと」などと、つい言ってしまうことも多いと思うのですが、それも全部拾ってしまいます。これは手入力で消さなければなりません。逆に、しゃべってもうまく入力できなかったり、落ちてしまう言葉もあります。さらに、非常用漢字を使っている個人名などは、むろん正しく生成されませんので、手打ちで修正する必要があります。結局、すべてが完璧に音声から文章生成できるわけではなくて、できあがった原稿を手作業で修正していくわけです。最後は手作業なのです！

気が付いたこと：まず、「マイクの性能」がどの程度影響するのか、ということがやや気になります。筆者は授業の録音などでマイクをよく使うので。Blue の yeti nano という比較的感度の良いマイクを普段から使っていますので、これで録音しています。ただし、PC のデフォルトのマイクで音声を拾おうとした場合、どの程度の精度で拾えるのか、正直よくわかりません。VoiceIn をかなり真面目に使おうとすると、やはり性能の良いマイクを準備することが必要になってくるのではないでしょうか。

「音声入力で文章を生成する」というやり方には、大きな利点がたくさんあると思います。たとえば、腱鞘炎になってしまって文字が書けなくなっても、原稿の執筆を続けることができます。あるいは、手に大怪我をしてしまったとか、障害が出てしまったという場合においても、音声を使うことで文章を書くことができるようになります。

2-7-2：VoiceInが使えない場合は？

ここまで、VoiceIn という Google Chrome の拡張機能を使って、音声入力から文字を出力するということを考えました。ただ、VoiceIn は Google Chrome の拡張機能なので、Google Chrome に乗っていない Microsoft Word とか PowerPoint に音声を文字出力するときには使えません。そこで、以下では Word とか PowerPoint で原稿や報告スライドを執筆するときに、どういう形で行うのが有効かを補足していきたいと思います。

基本的には **Word や PowerPoint で音声入力をする際には「ディクテーション」という音声入力のタブを使う**ことになります。筆者が使ってみた感じだと、VoiceIn と同等の性能を発揮していると思います。無理なく快適に使えています。

図: Wordのディクテーションのスクリーンショット

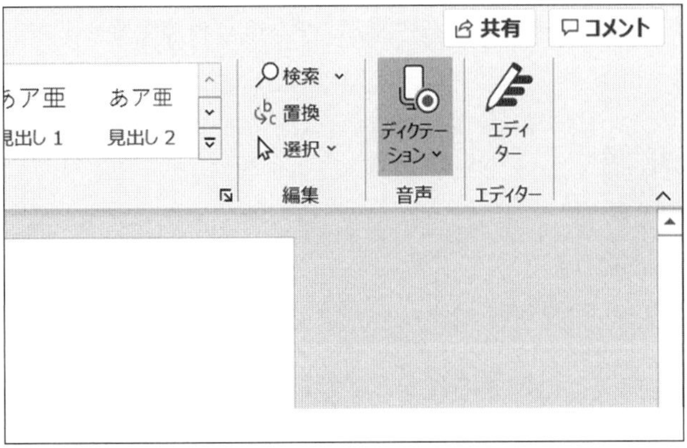

Word や PowerPoint の上部に「ディクテーション」というタブがあるはずです。これをオンにすると操作画面に移ります。歯車のアイコンがあると思いますので、ここをクリックして対応する言語を切り替えます。ディクテーションに関する設定上の注意ですが、

句読点のディクテーションを「自動」で行うこともできます。するとどうなるか。結論から言うと、うまくいきません(笑)。句点はだいたいうまく挿入されるのですが、読点はほぼ、うまく付いてくれません。あと、語尾を少し上げてしまうと全部「？」が付されて疑問文になってしまったりします。後から修正する手間を考えると、句読点の自動挿入はオフにしておくほうがいいと思います。

ちなみに、Word や PowerPoint のディクテーションの場合、「句点」と発声すると「。」に変換してくれて、「読点」と発生すると「、」に変換してくれるので、「私はですね、今日カレーを食べたんですよ。」という文章を音声入力で生成したい場合、「私はですね読点、今日カレーを食べたんですよ句点」と発声するとうまくいくと思います。ほかにも、いろいろな便利な音声認識コマンドがありますので、下記のサイトを参考に、音声認識コマンドに習熟するとよいと思います。

各種音声コマンドへの QRコード

2-7-3：音声入力に関する補足①：左手デバイスの活用

勝間和代氏のブログ記事などを拝見すると、フットスイッチ（PC の動作のショートカットを割り当て、足で操作するスイッチのこと）や左手用のマウスなどを活用して、PC 操作のショートカットをそれらに巧みに振り分け、音声入力を有効に進めておられるようです。私自身もフットスイッチ導入を考えたのですが、「足でスイッチを踏む」という作業にやや抵抗があり（なんとなくですが、スイッチ周りにホコリがたまりそうです）、「左手デバイス」を購入して活用する方法を選びました。

私の場合は、**「Stream Deck」という左手用のデバイス**を使っています。左手デバイスとは、右利きの人は右手側にマウスを置いて使うと思いますが、反対の左手側でも何らかの操作を行えるように設置するデバイスです。筆者はStream Deckという左手デバイスを使っており、そこに作業上よく必要になるウェブサイトやアプリなどを「ショートカット」として振っています。ショートカットのボタンを押せば、ボタン一発でいろいろなものが起動できるというわけです。

図：筆者が使っているStream Deck（15ボタン）

Stream Deckには15ボタンと32ボタンがありますが、置き場の広さに応じて選ぶとよいと思います。よく使う作業をショートカットボタンに割り振るといいと思います。筆者はよく使うSNSや自身のウェブサイトなどをボタン一発で起動できるようにしてあり

ます。

Stream Deck 以外にも、左手デバイスとして活用できるものはオービタル2、ツアーボックス、あるいはゲーム用の片手キーボードなどさまざまに存在すると思います。多くの選択肢がありますが、いろいろ試してみて、自分に合ったものを選ぶのがよいと思います。

2-7-4：音声入力に関する補足②：Otterを活用したフィールドワーク

国際会議に出たとき、外国語を完璧に聴き取るのは大変です（英語力にもよりますが）。

筆者は、以前は外務省所管のシンクタンクに勤務していました（2008～2010年ごろ）。そのシンクタンクから派遣され参加した国際会議にでるたび、内容の要約を作成する必要がありました。そのためには、セッションをすべて聴いて手書きでメモを取らねばならなかったのですが、これは本当に大変でした。

たとえば、時差ボケでセッションに集中できない。セッション中に別の業務が急に入って、そもそもセッションに参加できない。マイクが壊れて発言が聴こえない。発言者の声が小さくて聴き取れない…といったトラブルに見舞われました。さらに、日本に帰ってから録音データを聴き直して確認しつつ、会議の要約を作成するというのは（正直なところ）かなりの苦痛でした。

今は **Otter Voice Meeting Notes**（以下、Otter）があるので、テープ起こし作業は以前ほど大変ではありません。Otter は録音した音声を自動的にテキスト化してくれるアプリです。このアプリ、1か月600時間まで無料で、それ以上は有料となります。これをスマホに導入すれば、スマホをボイスレコーダー兼テキスト作成機として使用できるわけです。

以下の画面を見てわかるように、音声やテキストをエクスポートすることなども可能です。

図：Otterの操作画面のスクリーンショット

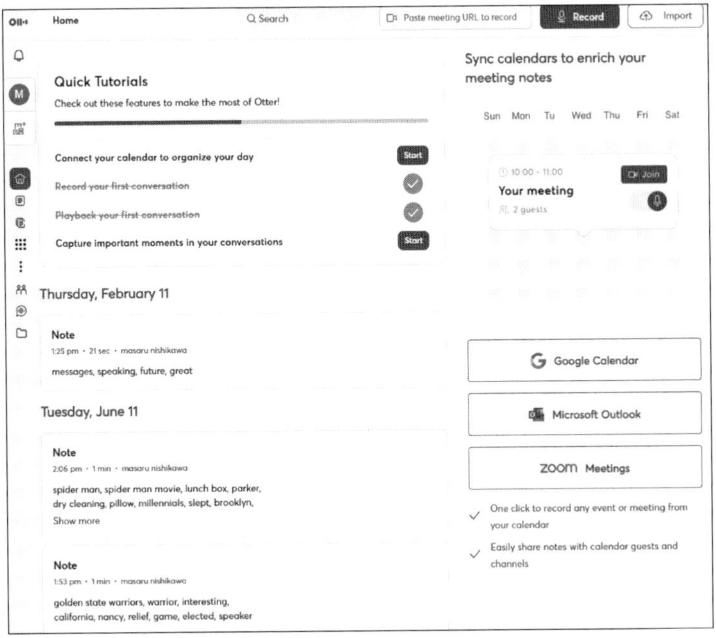

Otter、今のところ英語対応バージョンしか作られていないのが残念ですが、これを使えば、少なくとも英語で作業する際には、上記のような苦労を軽減することが可能です。Otter で Jimmy Kimmel Live!（アメリカの有名なナイトショーです）を録音して実際に実験してみましょう。冒頭から 40 秒程度を Otter を使って録音したものです。

図：Otterで Jimmy Kimmel Live!の冒頭を録音したもの

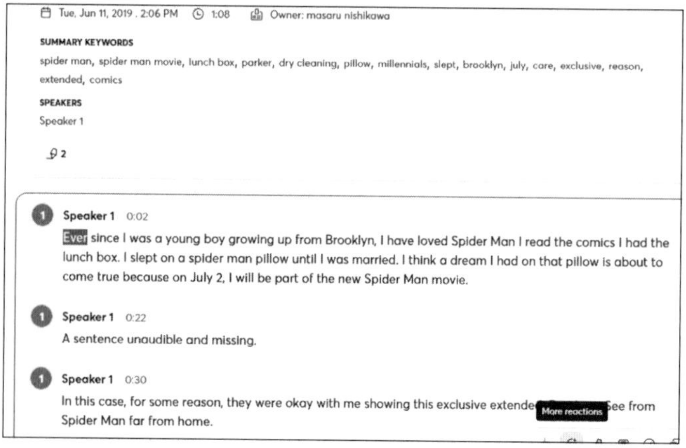

完璧にはいきません。まず、文章の切れ目が自動的に区切られません。また、固有名詞の多くが抜けます（“A sentence unaudible and missing” と書かれている部分が、Otter で聴き取れなかった部分です）。観客の歓声と重なった会話部分などは、音声が重複するせいか、聴き取れないことが多いようです。でも、概ねきちんと録音・テキスト化されていることが確認できます。抜けている箇所があったとしても、**大まかにでも自動的に聴き取ってテキスト化してくれれば、あとの作業はテキスト化された文章の人力補正で済むので、かなり楽**ですね。

筆者は国際学会の場でも Otter を使っています。国際学会では、研究者は世界中からやってくる同業者相手に、自らの研究成果を英語で報告し、コメンテーターの先生から英語でコメントをもらいます。聴衆からも Q&A を受け取ります。それらのフィードバックを論文に反映させていくわけです。

Otter で学会での質問やコメントを録音しておくと、やはり便利に感じます。学会では、相手の質問やコメントを聴き漏らしてしまったり、その場では相手の意図するところが理解できなかったりすることもあります。学会後、帰路の機中で Otter で質問を聞き直し（見直し？）ていると、それらが理解できるようになったり、当初気が付かなかった論点が頭に浮かんできたりします。また、Otter を後日確認することで、コメンテーターにメールでフォローや追加質問をすることも容易です。

Otter は国際会議・国際学会、英語でのインタビューなど以外にも、いろいろな使い道を想定できます。

たとえば、フィールドワークです。外国での聴き取り調査には威力を発揮してくれそうですね。また、テープ起こしが存在しない古い英語のオーラル・ヒストリーや政治家の演説のテキスト化などに使えそうです。あるいは日々の学習で活用するなら、日本語字幕がないニュースなどを録音して、テキストを見ながら聴き取りの練習をするとか。趣味なら、好きなアーティストの歌詞を聴き取るのとかにも使えそうです。

2-8：生成AIを執筆補助に活用する

2-8-1：生成AIの登場と論文執筆スタイルの変化

研究者の主たる活動は、大きく分けて「研究」と「教育」に分かれます。

「研究活動」というと、数十年前は印刷された本や論文の束と汗みどろで格闘し、英語で論文を書くとなると、それこそ辞書を引きまくって、頭をかきむしりながら英語表現を必死に考えるというのが定番のスタイルだったと思います。英語で論文を書くというのは本当に大変な作業でした。

こうして必死になって英語（あるいは日本語）で論文を書き終わったら、英語校正業者にお金を払ってネイティブの校正者に英語をチェックしてもらい、論文を（大昔は郵送で）投稿していたわけです。

このような時代において、論文一本を書き上げるのにどの程度の時間とカネを費やしていたのか、今となっては知る由もありません。

さらに、研究者は「授業」もやっています。「大学の授業」というと、「緑色の黒板に白いチョークで板書」、あるいは「ホワイトボードに色とりどりのマジックで板書」、あるいは小さな字で詰め込まれたPowerPointを矢継ぎ早に進めながら、教授が驚異的な早口で難解なことを延々と話していく――、そんなイメージはなかったでしょうか。

「研究」や「授業」の仕方は刻一刻と変化していっています。研究や授業のスタイルが変化する理由はさまざまに考えられますが、「技術革新」が与える影響はかなり大きなものと考えられます。技術が進歩していけば、研究や授業のやり方も異なっていくはずだからです。

たとえば、筆者が大学生（1990年代半ば）のころ、PowerPointはまだ存在しませんでした。ZoomやGoogleクラスルームなどのオンラインリソースが授業に積極的に活用されるようになったのは、ここ数年（2020年ごろ以降）の出来事だと思います。今では論文執筆時に多くの人が使っている前述のDeepLやこれから紹介するGrammarlyなども、むかしは当然存在しなかったわけです。

必ずしも新しい技術に振り回される必要はないと思いますが、新技術を柔軟に取り入れることで学習効率・教授の利便性が上がるならば、ぜひとも積極的に取り入れるべき——、筆者は個人的にそのように考えています。

ということで、第1章でも言及した生成AIの出番となります。繰り返し述べてきたことですが、生成AIを有効に活用することで、研究や教育をよりいっそう効果的かつ円滑に進めることができると思います。そういう可能性を、これらのツールは秘めています。以下においては、まず生成AIをどのように論文執筆に活用するかについて述べていきたいと思います。

COLUMN

英語論文執筆補助ツールあれこれ

英語で論文を書く際、パラフレーズや巧みな言い回しなどを示唆してくれるツールも多く活用されています。筆者が英語論文を初めて書いた時には、和英辞書のほか、崎村耕二『英語論文によく使う表現　基本編』（創元社、2017年）、佐藤元志『英語論文表現例集』（技報堂出版、2006年）、樋口昌幸『英語論文表現事典』（北星堂書店、1999年）、安原和也『英語論文重要語彙 717』（三修社、2012年）、石井クンツ昌子『社会科学系のための　英語研究論文の書き方』（ミネルヴァ書房、2010年）などを首っ引きで引いて、英語の文章を書いていました。

類書として、最近ではジョン・モーリー『アカデミック・フレーズバンク』（高橋さきの訳。講談社、2022年）、エイドリアン・ウォールワーク『ネイティブが教える　日本人研究者のための論文の書き方・アクセプト術』（前平謙二・笠川梢訳。講談社、2019年）、エディテージ『英文校正会社が教える　英語論文のミス 100』（ジャパンタイムズ、2016年）、ジャン・E・プレゲンズ『トップジャーナルに学ぶ　センスのいい科学英語論文の書き方』（医学書院 、2021年）など、良書がどんどん出ています。

学生さんなどには、面倒なようでも、最初は自力で論文を書き上げるやり方を試してみるように今でも推奨しています。**AIが自動的に生成した表現が正しいとは限らないし、表現の良し悪しを見分けるためには結局著者自身の英語力が問われる**と思うからです。しかし、同時にツールを使いこなすことの便利さも否定しません。

論文執筆に使えるツールとしては、文章をいくつかの類似表現に言い換えてくれる **wordtune**(DeepLや ChatGPTでも同じような作業はできると思いますが)や **Ludwig**があります。ほかにも、DeepLと連携することで翻訳・執筆・辞書検索の三役に使える **Linguee**があります。Lingueeは辞書としては便利そうですが、オンライン辞書に比べてどの程度精度が高いのかは不明です。また、**QuillBot**は入力した文章をパラフレーズして他の文章表現を提案してくれます。

以上、あくまで補助として合理的に使いこなしてください。くれぐれも、AIがないと英語で文章が書けない「AI依存症」の研究者にはなってほしくない…と願います。

2-8-2：AIの活用方法・論文執筆で使う場合

筆者は実際に生成AIを自分の教育や研究に応用しています。ここではその実例を紹介しようと思います。研究活動に使えそうなAIツールはざっと上げただけでも以下のようなものがあります。日々新しいAIツールが開発・実装されていることもあり、ここではほんの少ししか紹介できません。

図：論文執筆などの研究活動に応用できそうなAIツール一覧

ツールの名前	主な用途
ChatGPT	対話用AI。文章や英文、 プログラミング言語の校正など
ChatPDF	文書の要約
DeepL	他言語への翻訳
Grammarly	英文校正
D-ID	映像を生成
Visla	動画を生成
Midjourney	プロンプトから画像を生成
LOVO、llElevenLabs	テキストから音声を自動合成
Jasper AI	プロンプトから文章を生成
Perplexity.AI、BingAI、 Google Bard	対話型AI検索エンジン
Mubert、Boomy	テキストから音楽を生成
Gamma	テキストからスライドを作成。作曲も。
tl;dv	Google MeetやZoomによるオンライン 会議の録画・議事録作成などの補助
Kickresume	履歴書を自動作成

具体的には、筆者が使っているツールはDeepL（既出）、Grammarly、D-ID（ゼミの説明動画などを生成）、ChatGPT、Midjourney（動画に使う画像を生成）、Perplexity.AI（対話検索に使う）、Mubert（動画の背景で流す音楽を生成）などです。DeepLとGrammarly、ChatGPTは課金しています。残りは今のところ無料で使っています。どのように使うのか、以下に解説していきます。

2-8-3：GrammarlyとChatGPTの利用（英語校正ツールとして）

英語論文を書き終えたら、日本語の場合よりも入念に校正をします。**筆者の場合、GrammarlyとChatGPTで英文を校正して、場合によってはさらに英文校正業者に投げています。**こうすることで、自分の書いた英文について、セカンド・オピニオン、サード・オピニオンを得ることが可能になります。

ChatGPTは本来は英文校正ツールではないのですが、英文校正ツールとして使うことも可能です。やり方は簡単で、ChatGPTに登録・ログインし、たとえば以下の英文をタイプし、日本語の原文をペーストします。

> I want you to act as an English translator, spelling corrector and improver. I will speak to you in any language and you will detect the language, translate it and answer in the corrected and improved version of my text, in English. I want you to replace my simplified A0-level words and sentences with more beautiful and elegant, upper level English words and sentences. Keep

the meaning same, but make them more scientific and academic. I want you to only reply the correction, the improvements and nothing else, do not write explanations. My sentences are “ここに校正したい文章を入れる ”

実際にやってみた結果が、以下のスクショです。ちなみに、ChatGPT にプロンプトを書いて指示を出すときは、日本語で書くよりも英語でプロンプトを書いて指示を出すほうが精度が高いと思います。スクショの実例では、筆者のホームページの英語ページに掲載している自己紹介について、スペリングやタイポなどを修正し、A0 レベル（イギリスの高校生レベルの英語難易度）の英語に書き改めるように指示しました。おおむね、非常によく書きあがっているように思います。

図：ChatGPTに実際に指示を出した際のスクリーンショット

ChatGPTに対しては「Please summarize the following sentences. The sentences are: “（ここに要約してほしい英文を入れる）”」といったように文章の要約を命令したり、翻訳を命令したりすることもできます。

なお、これらの校正ツールは完璧ではないことに留意してください。また、個人情報は入力しないほうがいいです。

最後に重要なことですが、英語で何かを書くときは、まずは自力で書くべきです。AIはしょせん補助ツールにすぎないと筆者は考えます。しっかり英語を学び、辞書や英語論文などで書き方を参照しつつ、英語論文は自力で書けるようになるべきだというのが筆者の持論です。筆者は、**①自力で英語の論文を書いた後、②ChatGPTとGrammarlyで校正してみて、③必要ならさらに英文校正の会社に出しています。**

2-8-4：ChatGPTの活用

ChatGPTは英語校正ツールや質問用ツールとして活用できるだけではありません。ほかにもいろいろな活用方法が考えられます。**筆者の場合、RやPythonといったコンピュータ言語を利用して計量分析用のスクリプト／コードを書くことが多いです。ChatGPTはこの校正もやってくれたりします。**コンピュータ言語をChatGPTで書くためには**Code Interpreter**というアドオンを使うと便利です。一例を示しましょう。まずChatGPTにログインし、左下にある「…」をクリック、さらに歯車マークの「Setting」をクリックします。すると、写真のように「Beta features」というものが出てきますので、それをクリックし、Code Interpreterをオンにします。

図: Code Interpreterをオンにする際のスクリーンショット

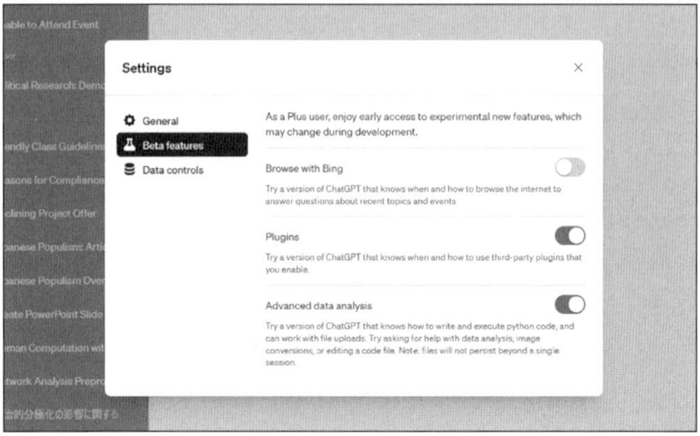

試しに英語でChatGPTに「Rで重回帰分析をやりたいんだけど、どうすればいいか教えてくれないか？」と訊いてみました。すると、写真のような答えが返ってきました。データをread.csv()などで読み込め、データのストラクチャーを確認しろ、その後、lm()を使って重回帰モデルを当てはめろ——と、結構具体的な回答を返してくれます。Code Interpreterではコードの具体例を生成するだけではなく、自分が書いたコードの校正、それからなんとグラフの可視化や、場合によってはコードの実行と結果提示までできます。

ただし、これも英語の校正と同じような問題を抱えていて、こちらの意図とは全く違う分析に関する回答を返してきたり、思っているのとは違うグラフなどを表示したりします。英語同様、RやPythonのコードも自力で書いた上で、ChatGPTにはセカンド・オピニオンを求めるとか、コードの校正を要求するといった使い方をするほうが無難だと思います。

ほかにも、Code Interpreterはグラフを書いたり、データを可視

化したり、絵を描いたり、音声データや画像データを処理したり、スライドを作ったりもできます（スライド作成については125頁以下で後述します）。

図：ChatGPTにRで回帰分析を行うやり方を聞いたスクリーンショット

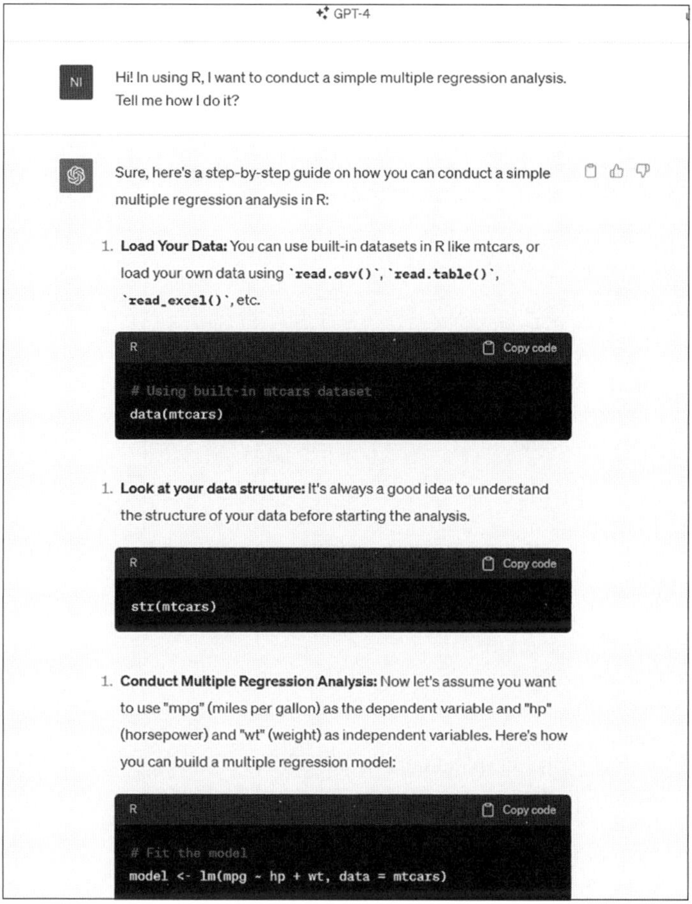

2-9：英文校正の会社について

英文校正にもいろいろな会社があります。たとえば、Oxford University Pressは下記のような英語校正サービスを列挙しています(もっとも、OUPがこれらの会社を使うことを推奨しているわけではないことに注意してください)。

OUPのサイトが例示している英文校正会社

American Journal Experts
AsiaEdit
Blue Pencil Science
Charlesworth Author Services
Charlesworth China (dedicated Chinese site)
Chartered Institute of Editing and Proofreading
Clark Scientific
Edanz
Editage
The Editing Press
Enago
International Science Editing
JournalEdit
Life Science Editors
OnLine English
Peerwith
Science Docs
SciTech Edit International
Stallard Editing
TopEdit
TopEdit (Dedicated China Site)
Write Science Right

日本ではEnago（以下エナゴと表記）やEditage（以下エディテージと表記）が有名な印象です。筆者はエディテージしか使ったことがないのですが、英語論文だけではなく、ブログの記事や推薦状などいろいろなものを校正してもらいました。これまでのところ、問題があったことはなく、大変満足しています。ただし、エディテージに限らず、どこの社も校正者のレベルが区々らしいという話も聞くので、これればかりは「運」というほかないかもしれません。**AIに比べると人間の校正者のほうがニュアンスに富んだ校正を提案してくれる感もあり、やはり最後は人間のほうが信頼が置ける**と思っています。

ただし、校正業者に作業を依頼するとお金がかかります。ChatGPTの有料版が1か月に3000円と決して安くはありませんが、英文校正業者も会社によるものの、結構なお金がかかります。たとえば、エディテージだとスタンダード英文校正で1単語当たり5.5円、プレミアム英文校正で1単語当たり10.5円、トップジャーナル英文校正だと1単語当たり30円かかります。たとえば、American Political Science Review誌だと、投稿論文の長さは1万2000語以下となっています。1万2000語ギリギリまで論文原稿を書いて、エディテージ社のトップジャーナル英文校正に依頼すると、英文校正料だけで36万円もかかります。**研究にはやはりお金がかかるのです…。**

COLUMN

スクリーンショットを撮る

この本でも、スクリーンショットを撮りまくって活用しています。スクショは本当に便利です！スクリーンショットを撮るためのツールや拡張機能はいろいろなものが存在します。筆者が（本書を執筆するのにも）使っているのは、**FireShotというGoogle Chromeの拡張機能**です。

筆者が FireShotを使っている理由は、無料版でも全体のスクリーンショットを撮ったり、部分的なスクリーンショットを撮ったりと、撮り方が選べる点が便利だからです。また、スクリーンショットを保存するときも、「PDF」、「画像」、「メール添付」、「印刷」、「クリップボードにコピー」が選べます。

有料版にアップグレードすると、OCR機能など、さらにいろいろな機能が使えるようです。無料版でも通常スクリーンショットを撮ってやるべき加工作業は過不足なく実行可能ですので、今のところ有料版を使うことは考えていません。

ほかにもいろいろなツールがあると思いますので、試行錯誤を重ねてみるとよいのではないでしょうか。

COLUMN

投稿先を見つける

ジャーナル投稿に際して、**どうやってジャーナルを選択すればいいのか**については、世に多く出ている「論文の書き方」に関する本に記載があります。たとえば、康永秀生『必ずアクセプトされる医学英語論文完全攻略50の鉄則』（改訂版、金原出版、2021年）という本には、投稿先を選ぶ際にはインパクト・ファクター、ジャーナルのAims and Scope（目標と領域）、オープン・アクセスかどうか、などを考慮するように書かれています。ほかにも、石井クンツ昌子『社会科学系のための　英語研究論文の書き方』（ミネルヴァ書房、2010年）、近藤克則『研究の育て方』（医学書院、2018年）といった本にも同種の記載があります。ぜひ参考にしてください。

あとはエルセビア社のElsevier Journal Finder、シュプリンガー社のSpringer Journal Suggester、ワイリー社のWiley Journal Finderといった出版社が提供する**投稿先決定ツールを活用する**手もあります。自分で試した限り、あまり論文の内容とオススメされた投稿先の候補がマッチしていない気がしました…。また、エナゴなどの会社が論文投稿サービスを有料で提供しており、これは（私自身は使ったことはありませんが）お金を払うと投稿先を提案してくれるのだと思います。エナゴはOpen Access Journal Finderというオープンアクセス・ジャーナルを検索するツールも提供しています。

また、**投稿先を見つけてくれるウェブサイトなども存在**します。Jane、JournalGuide、Journal Selectorといったサイトがそれにあたります。試しにJaneを使ってみましたが、これも以下のように、論文と、投稿先として示された雑誌の候補があまりマッチしている気がしません。これは、Janeが主としてPubMedや MedLineなど、医歯薬系の論文検索エンジンに依拠しているからではないかと思います。

図：Jane に論文情報を入力し、投稿先を探すスクリーンショット①

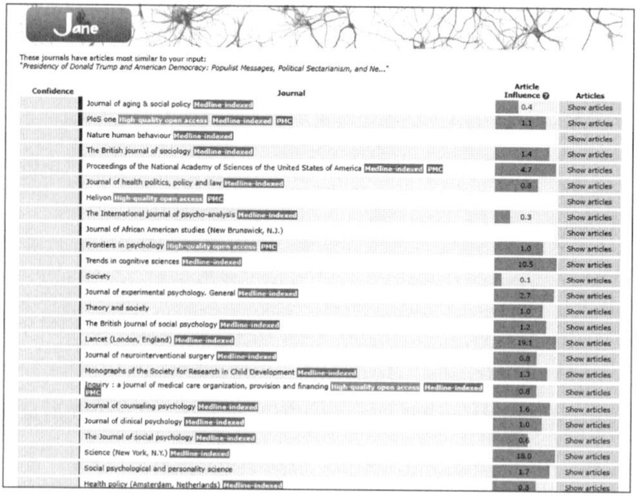

Jane

These journals have articles most similar to your input:
"Presidency of Donald Trump and American Democracy: Populist Messages, Political Sectarianism, and Ne..."

Confidence	Journal	Article Influence	Articles
	Journal of aging & social policy Medline-indexed	0.4	Show articles
	PloS one High-quality open access Medline-indexed PMC	1.1	Show articles
	Nature human behaviour Medline-indexed		Show articles
	The British journal of sociology Medline-indexed	1.4	Show articles
	Proceedings of the National Academy of Sciences of the United States of America Medline-indexed PMC	4.7	Show articles
	Journal of health politics, policy and law Medline-indexed	0.8	Show articles
	Heliyon High-quality open access PMC		Show articles
	The International journal of psycho-analysis Medline-indexed	0.3	Show articles
	Journal of African American studies (New Brunswick, N.J.)		Show articles
	Frontiers in psychology High-quality open access PMC	1.0	Show articles
	Trends in cognitive sciences Medline-indexed	10.5	Show articles
	Society	0.1	Show articles
	Journal of experimental psychology. General Medline-indexed	2.7	Show articles
	Theory and society	1.0	Show articles
	The British journal of social psychology Medline-indexed	1.2	Show articles
	Lancet (London, England) Medline-indexed	19.1	Show articles
	Journal of neurointerventional surgery Medline-indexed	0.8	Show articles
	Monographs of the Society for Research in Child Development Medline-indexed	1.3	Show articles
	Inquiry : a journal of medical care organization, provision and financing High-quality open access Medline-indexed PMC	0.8	Show articles
	Journal of counseling psychology Medline-indexed	1.6	Show articles
	Journal of clinical psychology Medline-indexed	1.0	Show articles
	The Journal of social psychology Medline-indexed	0.6	Show articles
	Science (New York, N.Y.) Medline-indexed	18.0	Show articles
	Social psychological and personality science	1.7	Show articles
	Health policy (Amsterdam, Netherlands) Medline-indexed	0.8	Show articles

（出典：https://jane.biosemantics.org/）

筆者はPubMedに収録されている論文も書いていますが、そちらは結構的確に論文と投稿先候補がマッチしている気がします。ということで、Janeは自然科学系の投稿先を探すのには使えそうですが、社会科学系ではうまく活用できなさそうです。他方、JournalGuideは社会科学系の投稿先が提示されるので、Janeよりは社会科学系の投稿先を発見するのに使えそうです。結論を言えば、社会科学系の投稿先は自分で調べるほうが手っ取り早そうですね(笑)。

図：Jane に論文情報を入力し、投稿先を探すスクリーンショット②

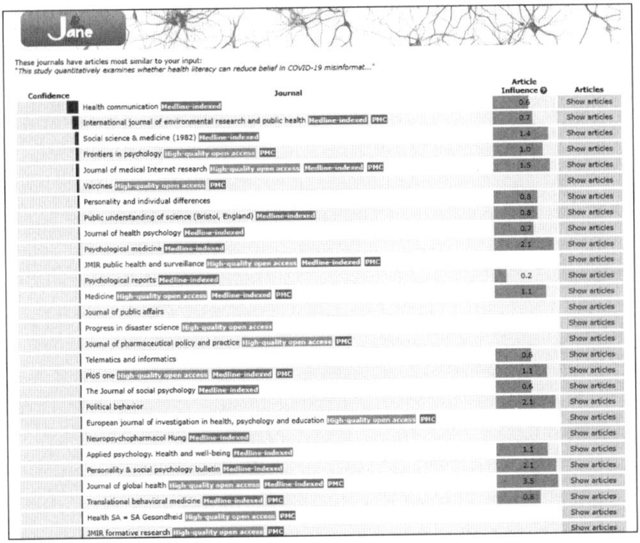

(出典：https://jane.biosemantics.org/)

ちなみに、**公刊された論文のアブストラクトをもとにChatGPT に投稿先を訊いてみたところ、留意するべき点ともに結構正確と思われる投稿先が提示されました。**社会科学系の場合、投稿先の決定に関しては、Jane を使うよりは人に聞くか、自分で調べるか、セカンド・オピニオンとして ChatGPT に訊いてみる、などのやり方をとるほうが無難そうです。

第 3 章

学会活動で使える
ツール活用法

3-1：学会に加入する

研究者のキャリアを開始するにあたっては、まずは学会に加入する必要があります。国内・海外のどの学会に参加すればいいのか、最初は戸惑うと思います。これは指導教員や先輩に聞くか、自分と同じ分野の研究者がどの学会に所属してどこで報告しているかなどを詳しく調べ、学会のホームページにアクセスして情報を得て決定するしかないと思います。

学会はだいたいの場合、年会費がかかります。政治関係の学会だと、日本政治学会は一般会員で年間1万円、学生会員で5000円かかります。日本国際政治学会だと1万4000円、学生会員でも1万円かかります。海外の学会だと、たとえばアメリカ政治学会（American Political Science Association）は収入にあわせたスライド制をとっています。定職を持っている研究者でも、年収が20万ドル（3000万円）以上ならば年会費は345ドル、年収3万ドル（450万円以下）ならば年会費は83ドルで済みます。学生会員は8年限りですが、年52ドルで加入できます。大学などを引退した人向けの会費もあり、収入が2万5000ドル以下の場合は年間40ドルとなっています。

海外の学会は加入費の支払い方が多様で、Three-Year Membershipは3年分の年会費をまとめて払うもので、毎年払うよりも割安になります。あと、Life Membershipは一生分の会員権を取得するもので、4000ドルです。

3年払いか一生会員権を買ったほうがお得ではないか、と思うのですが、学会費用を日本の研究費で支払おうとすると、日本の研究費用は単年度会計が前提なので難しかったりします。割安になるように支払ったほうがいいと思うのですが、このへんもいろいろ難しいところです。制度の問題なので仕方がないですね。

図：アメリカ政治学会の会費のスクリーンショット

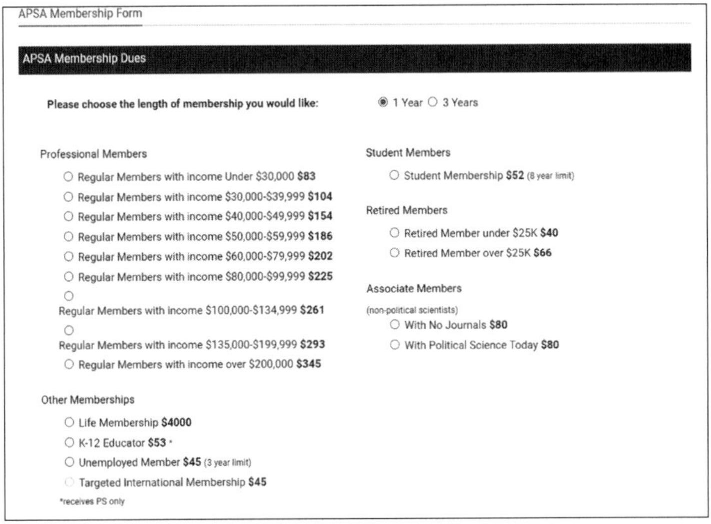

APSA Membership Form

APSA Membership Dues

Please choose the length of membership you would like: ◉ 1 Year ○ 3 Years

Professional Members

- ○ Regular Members with income Under $30,000 **$83**
- ○ Regular Members with income $30,000-$39,999 **$104**
- ○ Regular Members with income $40,000-$49,999 **$154**
- ○ Regular Members with income $50,000-$59,999 **$186**
- ○ Regular Members with income $60,000-$79,999 **$202**
- ○ Regular Members with income $80,000-$99,999 **$225**
- ○ Regular Members with income $100,000-$134,999 **$261**
- ○ Regular Members with income $135,000-$199,999 **$293**
- ○ Regular Members with income over $200,000 **$345**

Other Memberships

- ○ Life Membership **$4000**
- ○ K-12 Educator **$53** *
- ○ Unemployed Member **$45** (3 year limit)
- ○ Targeted International Membership **$45**

*receives PS only

Student Members

- ○ Student Membership **$52** (8 year limit)

Retired Members

- ○ Retired Member under $25K **$40**
- ○ Retired Member over $25K **$66**

Associate Members

(non-political scientists)

- ○ With No Journals **$80**
- ○ With Political Science Today **$80**

（出典：https://www.connect.apsanet.org）

また、年会費とは別に、学会大会に参加しようとすると参加費用が別途かかります。たとえば、アメリカ政治学会だと早期登録（アメリカ政治学会は通常 8 月の終わりに開催されるため、7 月ごろまでに参加登録すると割引があります）すると 254 ドル（学生は 133 ドル）、通常登録だと 334 ドル取られます。このほかに宿泊料や、もちろん日本から渡航するための旅費も必要になるのです。

アメリカ政治学会に加入するのに200ドル、学会の大会に参加して報告を聞いたり、発表したり、海外の学者とつながったりするために334ドル、さらに宿泊費と旅費…全部で年間最低でも40万円ぐらいはかかってしまうでしょう。海外の学会は（オンライン開催でない限り）とにかくお金がかかります。何度も何度も同じことばかり書いて申し訳ないのですが、**研究にはお金が必要だという事情、ぜひとも日本国民全員にご理解いただきたいところです（さすがにしつこいか）。**

お金に余裕のない院生さんやポスドクの方々にとって、学会費はかなり大きな負担になります。筆者は2023年にロスアンジェルスで開催されたアメリカ政治学会に参加しましたが、物価高と円安が相まって、宿泊費用はまたたくまに大学が定める規定額をオーバーしました（幸い、超過支出申請の書類を何枚も出して超過分の支出を認めていただけましたが）。ロスアンジェルスは特に物価が高く、学会会場で缶ジュースを１本買ったら５ドル（当時の為替で700円）でした。日本ならマクドナルドでセットメニューが買えてしまいますね…。

定職を持っている学者にとっても、海外の学会が主たる活動場所になる場合、かなり大きな金銭的負担を強いられることになります。こうなってくると、あまり参加しない学会に加入することをやめないと、生活が圧迫されかねません。この本を読まれている院生さんなどは、どの学会に加入するか、よく考えてからご加入されることをおススメします。

COLUMN

DAO化する学会

コロナ以降、オンラインで継続される研究集会や学会が多いことも手伝ってか、「学会のDAO化」が進んでいるように感じられます。

DAOとはDecentralized Autonomous Organizationの略称で、「分権型自律的組織」と訳されるものです。通常、学会という組織には学会長をはじめ、理事や委員長などの役職者がおり、会員がそこに所属して会費を納め、どこかの大学などを借りて年次大会を実態的に開催しています。

対して、**DAO型の組織にはこのような決まった組織形態や実態がありません。**「実態がない」と言うと何だかペーパー・カンパニーのようで怪しく聞こえてしまいますが(笑)、**SNSやインターネットで結びついた学術組織として活動する準学会組織とでも言うべきものが増えている**ように感じます。

たとえば、政治学系で言えばJSQPS (Japanese Society for Quantitative Political Science)、JPOSS (The Japanese Politics Online Seminar Series)、APOSS (The Asian Politics Online Seminar Series)、PIPCOSS (The Pacific International Politics Conference Speaker Series) のように、ネット上でオンラインで研究集会を開催している研究組織が存在します。

これらはすべて無料で会員資格も緩く、希望する人は誰でも参加することができます。これらの研究集会には世界中から参加者が集い、英語で論文報告が行われ、フィードバックを受けた報告は国際ジャーナルに掲載されるということも珍しくありません。

いろいろな論点が浮かんできます。まず、DAOではない普通の学会の運営にはかなりのリソースが必要になります。学会や大会を運営するための費用や人員の確保がそれです。学会が決して安くはない年会費を徴収しているのも、運営費用の確保がその理由です。学会の運営委員や理事はだいたいの場合が手弁当で、要はタダ働きです。学会のために、と一肌脱いでくださる先生方の善意に甘える形になってしまっているのが現状だと思います。

DAO化する学会は大会もZoomを使ってのバーチャル開催だったりしますし、紙媒体で公刊される学会誌を持っていなかったりします。実態を持つ学会よりも維持・運営に費用や人的リソースがかからないのは言うまでもないでしょう。オンラインだけの開催だと参加することも（時差を除けば）容易です。参加資格等もないので、やる気さえあれば高校生でも参加・報告が可能です。

DAO型の学会が一概に優れているとも言いきれません。対面の学会に参加して人脈を広げていくのは重要ですし、対面型の学会でしか得られない情報などもあるでしょう。今後はDAO型の利点を生かしつつ、それを実態のある学会運営に織り交ぜていくような形式の学会運営が主流になっていくような予感がしています。

近年ではDeSci（分散型科学：Decentralized Science）なるものが注目を集めていますが、「学会のDAO化」はこのDeSciを中心とするオープン・サイエンス化の流れの一環ではないかと筆者はみています。学会運営だけではなく、研究費用の獲得やピア・レビュー・プロセスなど、研究活動の多くの局面で同様の変化が起きるのではないかとみています。

COLUMN

在野の研究者／アカデキシット

研究者は、大学に所属していないと研究ができないわけではありません（研究機関以外に勤務することで生じる制約などもあるとは思いますが）。筆者の共同研究者のおひとりは『在野研究ビギナーズ』（明石書店、2019年）という本の寄稿者です。その方はフルタイムで本業の仕事をされながら、政治学の研究を続けておられます。時間の制約が少なくない中で研究を根気強く研究を続けられて、優れた論文を発表されています。

また、筆者は社会科学とデータサイエンスの融合分野である「計算社会科学会」の理事でもあります。この学会には大学に所属せず、サイバーエージェントやホットリンク、日本経済新聞といった民間企業で働きながら非常に優れた業績を上げている方が数多く所属していらっしゃいます。

『京都産業大学日本文化研究所紀要』に掲載された「女性皇族の衣装の変移について：明治の洋装化がもたらしたもの」という論文の著者は、彬子女王（Princess Akiko of Mikasa）となっています。彬子女王殿下を「在野研究者」とお呼びしてよいのかどうかは定かではありませんが、少なくとも生計の手段と研究活動が直結したキャリアを歩まれているわけではないと思います。

アメリカでは、政治学者でもGAFAMに移籍する研究者が続出し、一時期話題になっていました。**大学を辞めてGAFAMなどのIT系大企業に移籍する動きは「アカデキシット」（acadexit）と呼ばれています。**このような動きの先駆者だったのは、トマス・リーパー氏ではないでしょうか。リーパー氏は定量的な手法を活用して世論の動態を分析する研究者ですが、LSE（ロンドン・スクール・オブ・エコノミクス）の終身在職権（テニュア）の座を捨てて、フェイスブック（現・META）に移籍しました。リーパー氏は企業に移籍後もバリバリ研究を続けていて、META で勤務しながら論文を書き続けています。同じくペンシルヴァニア州立大学の先生だったバート・モンロー氏や南カリフォルニア大学の先生だったパブロ・バーベラ氏も META に移籍しました。最近では、アメリカで博士号を取得した日本人研究者も大学に就職せずに GAFAM などのビッグテック企業に行く方がいるようです。

このように、現在の研究業界では研究の仕方はさまざまで、**「大学に所属して給料を受け取る」という働き方だけが研究を続けていく唯一のキャリアパスではなくなってきている**のではないかと感じています。「研究者を志す若い人が減っている」、「院生が少なくなっている」という声を日本の大学業界ではよく耳にしますし、筆者自身もこの点を憂慮しています。他方で、本業をほかに持ちつつ「学問のために生きる」ことが可能なのであれば（しかも、そのほうが高給が保証され、ワーク・ライフ・バランスをより満たした理想的生活が得られるならば）、優秀な人が大きな無理をしてまで大学に職を求めなくなっても、ある意味では仕方がないことなのではないだろうかとも思います。大学側もいろいろと状況が厳しくなっており、（特に若い人の）待遇を改善してあげたくても、なかなか思うように改善できない、というのが現状だと思います。

筆者が大学院に進学したときは、「大学教員になって研究を続ける」というキャリアの描き方しか頭にありませんでした。しかし、本書を読まれている若い方にとっては――「研究は好きだから続けたい」のは素晴らしいことであることに異論はないにせよ――大学教員以外で研究を続ける道はないのか、その道と大学教員になって研究を続けるという選択肢のいずれが幸せか、よくよく考えておいたほうがいい時代になってきているのではないだろうかと――まさに老婆心というやつですが――思います。

3-2：学会報告用スライドの効率的生成

3-2-1：学会報告のスライドを作る

正直、筆者は報告用のスライドを作るのがうまくありません。というか非常に苦手です。センスがないのだと思います…。

スライドの作り方については優れた類書が出ていますので、詳しくはそちらに譲ります。邦語の参考図書には；

ジョナサン・シュワビッシュ『できる研究者のプレゼン術』高橋佑磨・片山なつ・小川浩一訳（講談社、2020年）
高橋佑磨・片山なつ『伝わるデザインの基本』（増補改訂3版、技術評論社、2021年）
小林啓『医療者のスライドデザイン』（医学書院、2023年）
キーラン・ヒーリー『データ分析のためのデータ可視化入門』瓜生真也・江口哲史・三村喬生訳（講談社、2021年）
宮野公樹『学生・研究者のための　伝わる！学会ポスターのデザイン術』（化学同人、2011年）

など、非常に多くの類書がありますので、本書で同じようなことをくどくど述べることはしません。

ちなみに、報告用のスライドを上手に作るセンスを持った学者は特に海外にたくさんいます。筆者が見た中で、「これは上手なスライドだな」と感心したのはアメリカ政治学会で一緒のセッションだったシャノン・マクレガー先生（ノースカロライナ大学チャペルヒル校）や、ヨータム・オピア先生（バッファロー大学）です。コツは文字を盛り込みすぎず、視覚に訴えるようにすること…のようですが、筆者はどうもうまくできません。国内外の研究者は自分のスライドを公開している場合もあります。これらを入手して比較検討するのも手です。**SlideShare**（発表に用いたスライド資料を共有するためのサイト）をチェックしてみましょう。

SlideShareへリンクする QRコード

スライドを作るのが苦手な筆者でも、いくつか気を付けていることがあります。たとえば、スライドやウェブサイトを作るとき、つい張り切って資料をカラフルにしすぎてしまうこともあるでしょう。しかし、永田ゆかり氏の『データ視覚化のデザイン』(SB クリエイティブ、2020 年）では、作ったスライドが色覚に障害を抱えている方々にとっては色覚的に非常に見にくい仕上がりになっていないかどうかを自覚するべきだ、と指摘しています。

また、グラフのバーなどで、特定の人種や性別を特定の色に塗り分けるようなことをすると、差別につながりかねない可能性も念頭に置くべきではないでしょうか。資料を作成する際、多くの人が意識できていないかもしれませんが、重要な点だと思います。

永田さんの本では、**Colorblindly** や **Chromatic Vision Simulator** といった、色覚障害を持っている方々の見え方がシミュレーションできるツールが紹介されています。

これらの本を読んだりいろいろな研究者のスライドを比較検討したりすることで、自分なりのスライド作成のコツをつかんでいっていただきたいと思います。

3-2-2：スライドを生成AIで作成する

学会報告のスライドを生成AIで作成することも、現在ではもちろん可能です。試しに、単純なやり方としてChatGPT 4.0のCode Interpreterを用いてパワーポイントのスライドを作成してみましょう。プロンプトは次のようなものです。

> Would you convert the following sentences into a PowerPoint slide?
> “●ヒューマン・コンピュテーション→研究者が独力では遂行できない（大規模な）タスクを円滑に進めるため、それらのタスクを分割し、クラウドワーカーに委託することで作業を遂行するもの。『ビット・バイ・ビット』では50か国の1000近い政党から4000ものマニフェストを収集し、各国の政治学者が共同作業でそれらをラベル付けしたマニフェスト・プロジェクトが例として紹介されています（『ビット・バイ・ビット』、245頁）。
> ●オープン・コール→研究者がクラウドワーカーに課題を提示して答えを募り、そこから最善の回答を選び取るもの。『ビット・バイ・ビット』では、Netflix社が同社が保有する大規模なデータを公開し、リコメンデーションエンジンのアルゴリズムを最も効果的に改善できたものに成果報酬を支払う

という「Netflix プライズ」が取り上げられています(『ビット・バイ・ビット』、251 頁)
●分散データ収集→クラウドワーカーによってデータを大規模に収集するもの。『ビット・バイ・ビット』では、世界中に散らばる 25 万人の参加者から 2 億 6000 万件もの鳥のデータを集めた「eBird」が紹介されています(『ビット・バイ・ビット』、263 頁)。"

すると、以下のようなスライドの案が返ってきました(英語ですが、日本語で出力することも可能ですし、その逆も可能です)。

Slide Title: ヒューマン・コンピュテーションとクラウドワーカーの利用
1. ヒューマン・コンピュテーション
●説明 : 研究者が大規模なタスクを分割し、クラウドワーカーに委託。
●例 : マニフェスト・プロジェクト
・50か国の 1000近い政党から 4000ものマニフェスト収集。
・各国の政治学者が共同でラベル付け。
・参照 :『ビット・バイ・ビット』、245頁

2. オープン・コール

●説明：研究者がクラウドワーカーに課題提示し、最善の回答を選定。
●例：Netflixプライズ
・Netflix社の大規模データ公開。
・効果的なリコメンデーションエンジンのアルゴリズムに報酬。
・参照：『ビット・バイ・ビット』、251頁

3. 分散データ収集
●説明：クラウドワーカーが大規模にデータ収集。
●例：eBird
・世界中の 25万人の参加者から２億6000万件の鳥のデータ収集。
・参照：『ビット・バイ・ビット』、263頁

これは悪くない案だと思います。ChatGPT に直接 pptx.file を作ってもらうやり方もできます。Code Interpreter を起動して、以下のプロンプトを実行してみましょう。

Would you convert the following sentences into a PowerPoint slide? Please output the result with pptx.file.
“●ヒューマン・コンピュテーション→研究者が独力では遂行できない(大規模な) タスクを円滑に進めるため、それら

のタスクを分割し、クラウドワーカーに委託することで作業を遂行するもの。『ビット・バイ・ビット』では 50か国の1000近い政党から 4000ものマニフェストを収集し、各国の政治学者が共同作業でそれらをラベル付けしたマニフェスト・プロジェクトが例として紹介されています(『ビット・バイ・ビット』、245頁)。

●オープン・コール→研究者がクラウドワーカーに課題を提示して答えを募り、そこから最善の回答を選び取るもの。『ビット・バイ・ビット』では、Netflix社が同社が保有する大規模なデータを公開し、リコメンデーションエンジンのアルゴリズムを最も効果的に改善できたものに成果報酬を支払うという「Netflixプライズ」が取り上げられています(『ビット・バイ・ビット』、251頁)

●分散データ収集→クラウドワーカーによってデータを大規模に収集するもの。『ビット・バイ・ビット』では、世界中に散らばる 25万人の参加者から2億6000万件もの鳥のデータを集めた「eBird」が紹介されています(『ビット・バイ・ビット』、263頁)。”

このプロンプトに従って、ChatGPT が作成してくれたファイルが以下のものです。ダウンロードしたスライドを見てみましたが、なんか原文そのままというか、味気ないですね(笑)。あと、スライド枚数を指定しなかったので、すべての文字が1枚のスライドに入ってしまっています。手作業で調整するとよいでしょう。

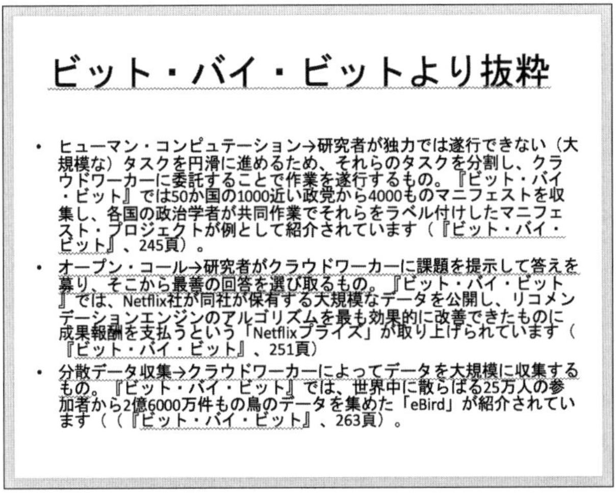

以上のように、**自分で書いた論文をセクションごとにChatGPTにまとめてもらい、手動で補正をかければ時間を無駄にすることなくスライドができあがっていきます。**

上記のChatGPTではスライドの文案もしくは直接pptx.fileを出力させただけですが、下記のブログにあるように、ソースコードやスクリプトを出力させて、それをRやPythonで実行してパワーポイントのスライドを作成するという方法も可能です（参考：https://acro-engineer.hatenablog.com/entry/2023/07/14/120000）。

先ほどのpptx.fileの出力の右上には「Show Work」というタブがあるのですが、そこをクリックするとChatGPTがpptx.fileを作成するのに用いたPythonのソースコードを確認することができます。これをそのままPythonで走らせれば、同じスライドを作成可能です。

図：Show WorkでPythonのソースコードを確認したところのスクリーンショット

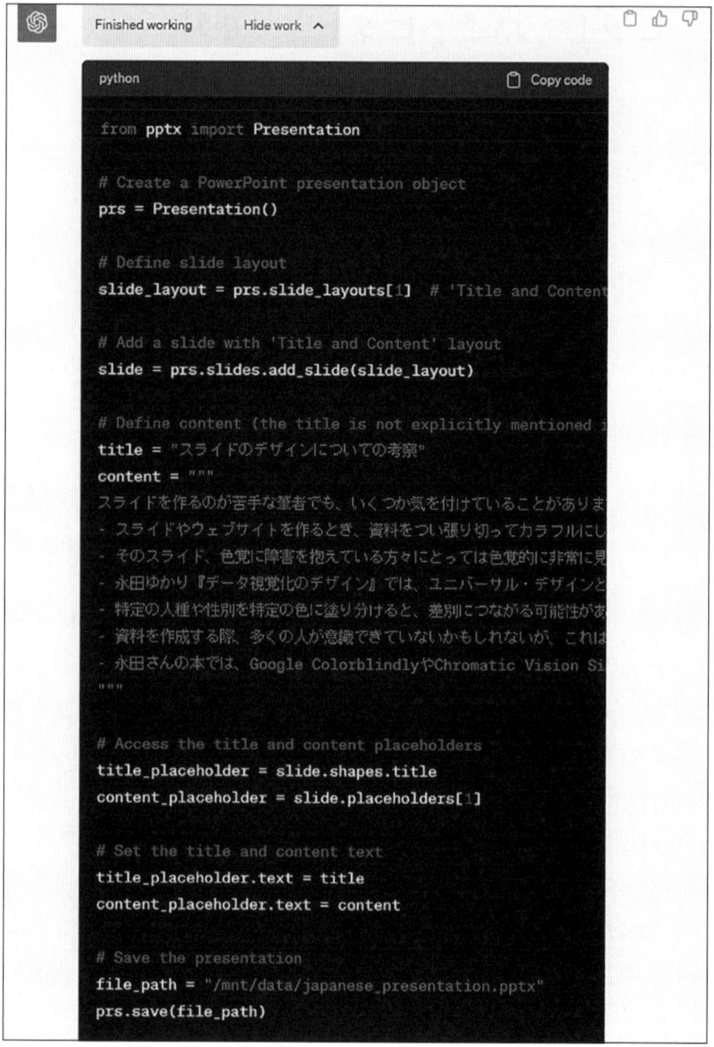

では、Rではどうでしょうか。ちょっとやってみましょう。先ほどのプロンプトに以下のプロンプトを追加しました。

Can you suggest me a source code for R that I can make a powerpoint slide from the result shown above?

すると、以下のようなRのコードが返ってきます。RStudioを起動して実行してみればPowerPointスライドが作成できるはずです。実行してみるとパッケージの情報が古くてエラーが出ました。エラーを手作業で修正するのは面倒なので、手動でスライドを作成するほうが早いかもしれません。

図：Show WorkでRのスクリプトを確認したところのスクリーンショット

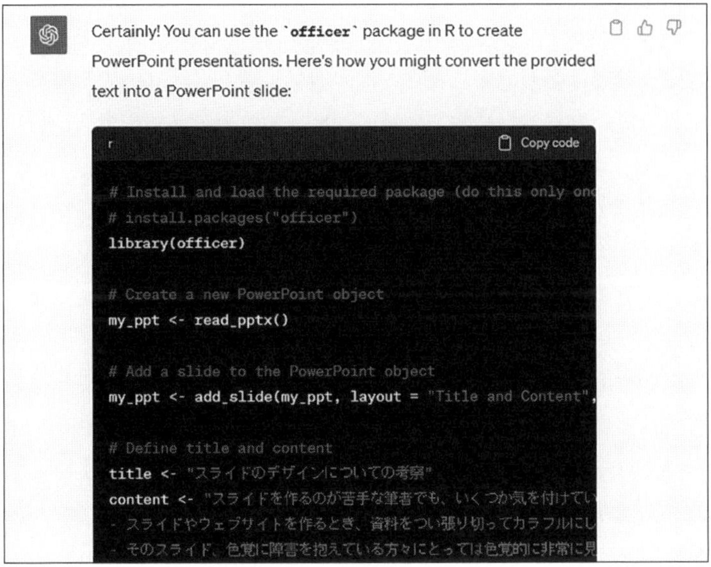

筆者は使ったことがありませんが、Microsoftは大規模言語モデルをベースにした生成AIをMicrosoft 365に搭載した**Microsoft 365 Copilot**を発表済みです。文章で指示を与えれば、Microsoft 365 CopilotがメールやPowerPoint用のスライド資料を作成してくれます。同様にGoogleスライドで使用できるらしい**SlidesAI**、**Beautiful AI**など、スライドを自動的に作成してくれるツールの選択肢は急速に増えていると思います。今後、注視していきたい動向と言えます。

3-3：学会でメモを取る

多くの作業がデジタル化された現在においても、「メモを取る」という作業は必要です。たとえば、取材・インタビューの忘備録、学会で聞いた報告の感想、会議の議事、学生の論文報告で気が付いた点など。メモに残しておくと便利です。

筆者はiPadにApple Pencilを使ってノートやメモを取っています。その際、筆者は**Penultimate**と**Nebo**という2種類のメモ取りアプリを使い分けています。以下、この2つのアプリの使い分けについてご紹介します。

Penultimateは**デジタル手書きアプリ**で、私はiPadで使っています（無料）。手書きしたメモやスケッチを公開リンク（URL）またはPDFとして外部に送信できます。Evernoteと同期すると手書き文字検索機能などの機能も活用することができるようですが、私はシンプルにメモ以外の機能は使っていません。

学会や会議などで急いで自分用のメモを取るときなど、Penultimateの走り書きで十分だと思っています。いくら字が汚くても、どうせ他人に見せるわけでもないので。

対して、**Nebo は Apple Pencil を使用して文字や図・数式などを書くと、それら手書き文字をデジタル文字に変換してくれるアプリ**です。手書きからデジタルへと「清書」された文書は、Word、PDF、または HTML 形式に変換して外部に送信できます。ですので、手書きで書いた図をデジタル清書した上で送信、それを Word や PowerPoint のスライドに貼りつけたりすることができるわけです。

このように、Nebo には非常に便利な機能がついています。ただ、急いでメモを取る必要があるときに手書き文字の変換候補を探したり、読み取りミスを修正したりするのは面倒です。なので、急ぎのメモ取りには Penultimate、手書きの図や数式を綺麗に清書したり、他所で活用したりしたいときには Nebo を使っています。

COLUMN

Google Chromeのアドオン

筆者はいろいろな**アドオン（拡張機能を追加することで、本体の機能を増幅することができるプログラム）をGoogle Chromeに加えています。**非常によく使うのは、スクリーンショットをとるためのFireShot（108頁のコラム参照）と音声入力用のVoiceIn（85頁以下参照）、自動的にオープン・アクセスの論文がないかを提示してくれるUnpaywall（21頁参照）です。さらには、翻訳ツールであるDeepL、論文管理ツールであるPaperpile（25頁以下参照）もアドオンとしても追加しており、これもよく使います。

アドオンとして追加はしているものの、あまり使わないツールは**WhatFont**、**YouTubeDigest**、**Colorblindly**（124頁参照）、**Crowd Tangle Link Checker**、**Perplexity.AI**（検索用AIツール。31頁参照）があります。あまり使わないのですが、これらのアドオンはここぞというところで出番があるので、削除せずに置いてあります。

WhatFontはウェブ上で使われている文字のフォントが何かを確かめることができます。ウェブで使われているフォントが気になったら、WhatFontで確認してみるとよいと思います。YouTubeDigestはChatGPTを利用することでYouTube動画要約を生成するツールですが、精度があまり高くないのでほぼ使っていません。

Colorblindlyは活用頻度は高くはないですが、重要なツールだと思っています。124頁でも述べたことの繰り返しになりますが、スライドなどの発表資料を作成するとき、過剰にカラフルにしてしまっていないでしょうか。Colorblindly は色覚に障害を持った方々からどのようにスライドなどが見えるのかを確認するためのツールです。学会報告などでの資料を作成する際には、過剰な色使いになっていないかどうか、Colorblindly であらかじめ確認しておくとよいでしょう。

Crowd Tangle Link Checker は SNS における特定のリンクがシェアされた頻度やシェアした人、シェアされた人の発言等を確認できるツールです。面白がってノリで入れましたが、全く使っていません(笑)。

ほかにもいろいろなアドオンがあります。Chrome ウェブストアなどでいろいろと比較検討してみて、自分に合ったものを取り入れていくとよいと思います。

3-4：学会で名刺を配るべきか？

むかしは学会に行ったら必ず名刺を配れなどと言われてきました。ある本には、学会の懇親会で偉い先生に会ったら、名刺を渡して挨拶するだけではなく、「先生の論文が欲しいんです！」と言ってアピールするべし、と書かれていました。若いころ、筆者はこうしたことが苦手で、名刺を渡してカジュアルに挨拶をするということが非常に苦手でした。ましてや「論文をください」などとはとても口にできませんでした(笑)。ちなみに、「論文をください」と言われたこともいまだかつてありません…。

名刺を配るのも悪くないですが、研究者が学会で報告をするときなど、補足資料を見てもらいたいとか、ほかの自分の研究についてももっと見てもらいたいといった理由で、自分のウェブサイトやSNSに聴衆を誘導したいということもあるでしょう。

URLを名刺や報告資料に書いておくという手もありますが、**もっと手っ取り早い方法としては、QRコードを作って資料・画面越しに読み取ってもらうやり方**があります。無料のQRコード作成サイトというのは結構あるので、そこで作ったQRコードを利用するのがよいと思います。

筆者は学会報告のスライドにQRコードを埋め込んで自分のウェブサイトに誘導したり、学会の企画委員長をしたときに周辺のお店の情報を聴衆に示すときなどにもQRコードを利用しました。QRコードは意外に遠くからでも読み込めるので、学会会場のスクリーンとかに映しても、遠くの席からでも大丈夫です。

以下に、筆者のウェブサイトやSNSなどに誘導するためのQRコードの例を示します。試してみてください。

筆者の情報を記したQRコード

筆者は下記の無料サイトを使って、QRコードを作ってみました。地味に便利だと思います。また、Linktreeという複数のサイトをまとめて表示できるツールを使って、ウェブサイトやSNSなどをまとめています。こうすれば、多くの情報を知ってもらうことが可能です。

無料QRコード作成サイト　　Linktree

以前、ある方から何の言葉もなく──自己紹介のおつもりだったのでしょうか──、突然黙ってQRコードが記された紙片を渡されたことがあります。何の説明も書かれていないQRコードを突如無言で渡されるのは、なんだか『世にも奇妙な物語』の一コマのようで、正直ちょっとびっくりしました。名刺を配るにせよ、QRコードを使うにせよ、ちゃんと必要最低限のコミュニケーションはとるようにしましょう。

3-5：学会大会を運営することになったら

学会で活動を長い期間続けると、思いがけなく企画委員（長）を任されたり、大会の開催責任者になったりもします。これは結構（正直に申しまして）面倒な作業が多く、バイトしてくれる学生の確保、プログラムの作成と印刷・配布、教室の確保、昼食や懇親会の手配など、かなり大変になります（これを手弁当でやることになるわけです。日本の学会運営は、意欲ある先生方の善意・熱意によって成り立っていることがわかります）。学会を現地でどう開催するかはこの本の範疇外なので割愛します。以下においては、学会や研究会をオンライン開催するときに便利なツールの活用方法を示していきます。

ハイブリッドで学会を開催する場合：コロナ禍以降、いったんは完全オンライン化された学会大会ですが、徐々に対面に戻りつつあります。ですが、一部の学会は基本的にすべてのセッションを現地開催しつつ、それをオンラインでも中継するという「ハイブリッド形式」による運営を行っています。筆者は2023年2月に開催された日本計算社会科学会の開催校責任者でしたが、これはハイブリッド形式で開催されました。その際には、以下のような形で機材を用意・接続し、会場の議論をZoom視聴者に配信しました、

図: ハイブリッド学会に必要な機材と接続方法

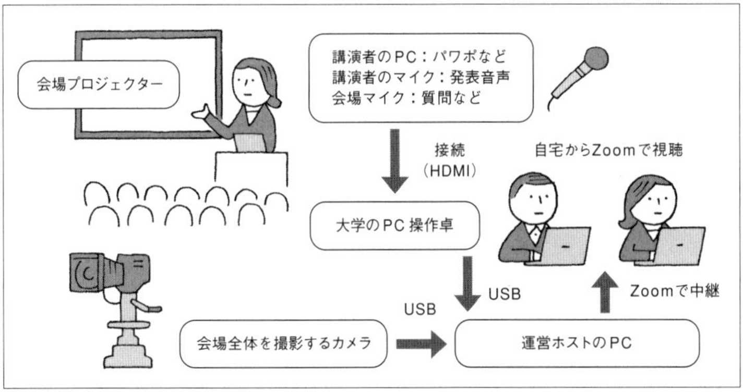

やり方は単純で、講演者が発表用 PC を通じて PowerPoint スライドなどを使って報告する、その際には会場の報告用マイクを使って発言し、運営側ホストは講演者の PowerPoint スライドと音声、会場全体を撮影しているカメラの映像を Zoom で見ている視聴者に流す──。これだけです。大学の PC 操作卓はだいたいインターフェイスとして優れた機能を有しているので、問題なく配信できると思います。

しかし、やはりこうしたやり方にはトラブルもつきものです。Wi-Fi が不調でセッションの中継が途中で落ちてしまったとか、マイクが不調でよく聞こえないなどのトラブルはありがちです。また、報告者の PC の音声をゼロにしておかないとハウリングして音声がおかしくなったりします。

完全オンラインで学会を開催する場合：最近は対面が復活しつつありますが、2021 年ごろまでは完全オンラインの学会も頻繁に開催されていました。Zoom で一番よくやられていたのは、単純にでウェビナーで行うというようなやり方でしょうか。筆者が参加したいくつかの学会ではイベント開催用のツールが学会開催に活用されていました。たとえば、**Whova**です。

図：Whovaによる完全オンライン学会の様子①

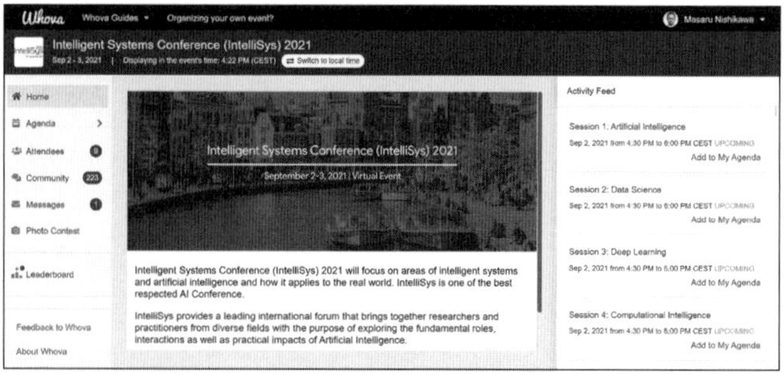

図：Whovaによる完全オンライン学会の様子②

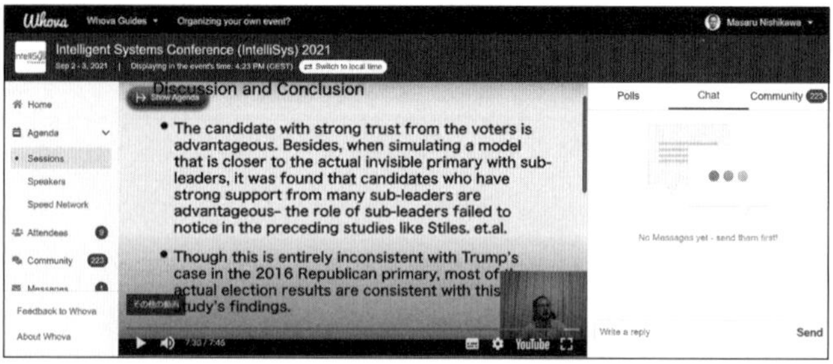

上記の写真はWhovaを利用して開催された国際学会に筆者が参加・報告した際のスクショです。これはアプリを通じて自分が参加したいセッションの登録・管理をしたり、質問や報告をしたりできるツールです。ほかの予定者に連絡をしたり、情報を共有したりすることもこのアプリ内でできます。大規模な学会であれば、単にZoom

でいくつかの部屋を同時並行して開設し、共通論題や総会は同時並行よりもWhovaを活用したほうが有益でしょう。同様のツールとしてはHopinやFreeConferenceCallなどがあるようですが、使ったことはありません。

懇親会をオンラインで行う：コロナで学会がオンライン化された際、懇親会がなくなったことを嘆く声もありました。筆者はもともとあまり懇親会には顔を出さないタイプなのですが、懇親会をオンラインで開催するツールも存在します。たとえばGatherやRemoといったツールがあります（同様のツールは数多くあるようです）。

Gatherはロールプレイング・ゲームのようにデジタル空間で自身の分身ともいえるキャラクターを作成し、好きな場所に移動して好きな人に話しかけるオンライン交流ツールです。「ドラゴンクエスト」で自キャラを移動して、好きな町の人に話しかけていくのと同じイメージです。学会懇親会だけではなく、部活やサークルの交流、社会交流などにも応用できそうです。

Remoは自分の写真を使ったアイコンを作成し、バーチャル空間上で自分が話したい相手に話しかけていくツールです。

3-6：オンラインで学会報告するときのコツ

それでは、オンラインで学会報告をするときはどうするのでしょうか。やはり、対面の学会とは異なる報告様式になります。対面学会であればパワーポイントのスライドを持参してスクリーンに投影し、聴衆に向かって話すだけです。母語である日本語の報告とは違って、英語で報告する際にはある程度以上の訓練が必要になってきます。学会報告については、エイドリアン・ウォールワーク『日本人研究者のための国際学会　プレゼン術』（前平謙二・笠川梢訳。講談社、2022年）などを読むとよいと思います。ここでは英語での報告術ではなく、便利な報告ツールの使い方をご紹介します。

すでにご存じかもしれませんが、**mmhmm**は、オンラインでの報告や報告動画の作成時に、任意の背景を選んで自分や報告用のPowerPointを合成できます。また、背景に表示されている自分の画像を自由に移動させたり、エフェクトを付けたり、サイズを変えたりも自由にできます。筆者は自分が担当する授業の解説動画を作成する際とか、オンライン学会で話す際にmmhmmを使っています。Zoomで単純に報告スライドを共有するよりも、報告に彩りが出ると思います。

図：mmhmmを用いた発表の様子①

図：mmhmmを用いた発表の様子②

第 4 章

研究生活を
マネジメントする

研究者はスケジュールを効率的に管理したり、共同研究者と連絡をとったりする必要もあります。ワーク・ライフ・バランスをとったり、共同研究者たちと円滑な意思疎通をはかったりするためには、適度のコミュニケーションが欠かせません。また、研究者の大多数は研究だけではなく、授業もこなさなければなりません。そして、**授業も可能な限り効率的にできるならば、それに越したことはありません。**そこで、スケジュールがごちゃごちゃしがちな研究者のスケジュール管理を助ける、いくつかのライフハック・ツールを以下でご紹介します。

4-1：スケジュールを管理する

スケジュール管理に便利なのは **Notion** というアプリです。すでに使っているという人も多いのではないでしょうか。このアプリ、研究者が研究を効率化するのに大いに役立つものであることは疑いがありません。

Notion のインストール方法や基本的な機能の解説は以下のような本が出ているので、基本的な使い方に関しては、ぜひこれらをお読みいただければと思います。とりあえず、村上臣『Notion で実現する新クリエイティブ仕事術』（インプレス、2022 年）と溝口雅子『はじめる Notion』（技術評論社、2022 年）の 2 冊をあげさせていただきます。

研究者で Notion を使っている人は、これを ToDo リストとして用いたり、読書メモをつけるのに活用したりしている人が多いようです。

では、筆者はどういう使い方をしているかというと、非常に単純です。ずばり**「手帳の代わり」**です。一橋大学名誉教授である関満博先生が、かつて『現場主義の知的生産法』（ちくま新書、2002年）という本の中で、「やるべきことや依頼原稿の締め切りなどを手帳に書いて、電車での移動時間など、空いた時間で穴が開くほど眺める」という主旨のことを書いておられました。これによって、締め切りを頭にいれたり、次のスケジュールを忘れないようにしたりする効果が生まれます。

筆者は、この関先生がやっていた上記の作業を、Notionを使ってやっています。あとは学内研究費の支出管理です。以前は科研費の支出管理もNotionでやっていましたが、**Dr. Budget**というオンライン研究費管理システムが導入されたので、今ではこちらで自動的に管理しています（というか、事務方に管理してもらっています）。

さて、具体的な筆者のNotion使用方法は以下の通りです。

- ToDoリストをNotionで作り、そこにやるべき仕事の一覧と〆切、勉強するべき単元や読むべき本、ルーティンとしてやるべきことを記す。
- 研究上、見ておくべきYouTubeでの講演やサイトの情報、科研費や学内研究費の〆切と執行方法、学会事務の概要、授業のカレンダー、論文のアイディアなどをまとめる。
- PCで作業している際はNotionを開きっぱなしにして、時折眺める。
- PCとiPadのNotionは同期させておく。こうすると、手の空いたわずかな時間でもToDo管理などが効率的にできて便利。

これだけです。とても簡単な利用方法だと思いますが、パソコンにタスク一覧を常時示しておくことによる「〆切効果」は案外高いように感じています。

図: 筆者の Notionの画面

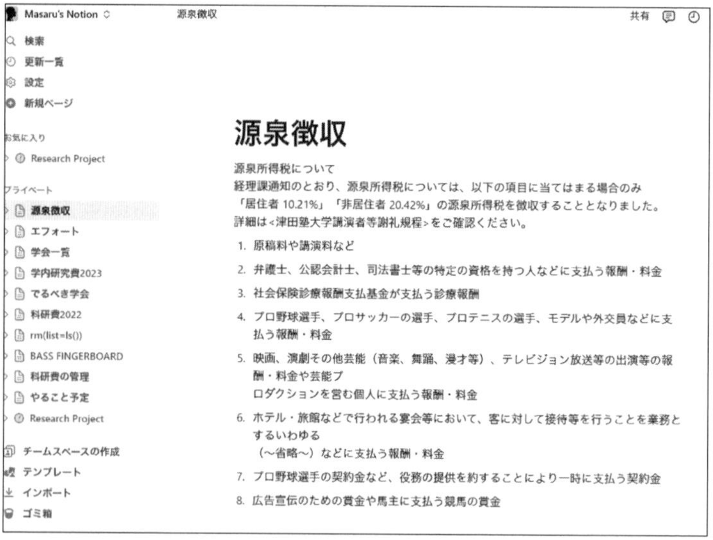

上記は筆者の Notion の画面ですが、ToDo リストのほか、科研費のエフォート（現在は Dr.Budget で管理しています)、源泉徴収のルール、参加する学会一覧、学内研究費の支出管理なども Notion で一覧にしています。

ちなみに、Notion は最近 **Notion AI** という生成 AI を組み込んだ新バージョンを発表しました。従来のタスクやスケジュール管理機能に加えて、対話による質問への回答、文章作成・校正・要約、翻訳、表の作成などができるようになったようです。Notion AI は一定以上利用しようとすると有料になります（月額 10 ドル）。筆者はすでに ChatGPT に課金していることもあって、それらの作業は ChatGPT で行っていますので、Notion AI には課金していません。ChatGPT で行うような作業をタスク管理と合わせて一気にやってしまいたい人にとっては Notion AI を有償利用するほうが便利なのかもしれません。このあたりは、各自の状況に合わせた利用を心がけてください。

図: 筆者の To Do リスト

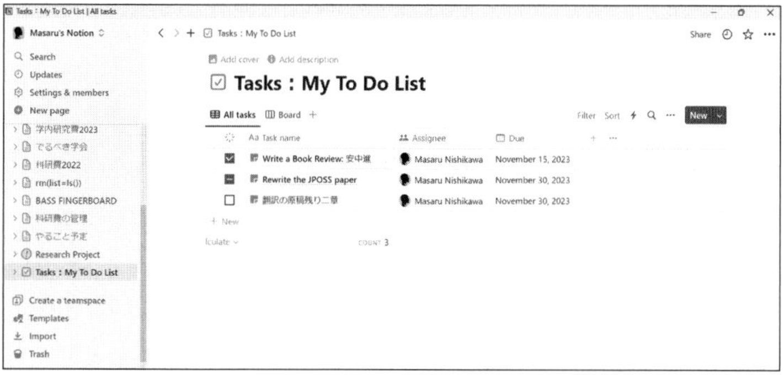

COLUMN

メールを書く、英語で会話する

多くの読者の方々は、日々多数のメールを読み、書かれると思います。筆者は特に前職で仕事上の必要性に駆られて大量の英語メールを毎日書いていましたが、今から振り返ると、「よくあんな下手な英語の文面で○○大使館にメールできたよな…。」と思い出して冷や汗が出たり、いまさら赤面したりすることもあります。当時は DeepLも ChatGPTもなかったので、すべて自分で文面を考えてメールを書いていました。

英会話も同様で、英語は母語ではないのでつい言い間違えたり、口が滑ったりすることもあります。アメリカの学会で超偉い先生に対して、「ねえ、あんたさあ、どういう研究しちゃってんの？よう？」みたいな口調の英語で話しかけている現場に遭遇したこともあります（相手の先生は人格者で知られている方でしたので、にこやかに応対されていました）。

筆者も人のことは全く言えません。英語は母語ではないこともあり、冠詞や定冠詞を間違える、時制を誤る、不適当な表現や単語をつい使ってしまう…なんてことは日常茶飯事です。それでもめげずに学会や研究会への参加や報告を続けていますし、学会に行けば気になった研究者には下手な英語でも思い切って話しかけます。英語で発表するとき、学会に参加するときに最も重要なのは、へこたれない強靭な心だと思います。おかげさまで、英語を言い間違えても、質問が出なくても、ポスターセッションの発表で聴衆が２人しかいなくても、へこたれない程度には筆者は強くなりました(笑)。

筆者はメールも英会話も、基本は自力でできたほうがよいと思います。メールの英語力を磨くためには、以下のような書籍を読むとよいのではないでしょうか。おススメは、エイドリアン・ウォールワーク『日本人研究者のための英文レター・メール術』（前平謙二・笠川梢訳。講談社、2021年）です。メール作成を手伝ってくれるツールというのも存在します。たとえば**Flowrite**です。これは手掛かりとなるメールの文章数行を入力すると、ほかの文章候補を自動的に作成し、メールを書き上げてくれるツールです。ToolBazが提供している**AI Email Writer**も同様のツールで、こちらはメールの主旨を手掛かりに与えると、自動的に文面を作成してくれます。試しに、「授業に遅刻したことを教授に謝罪するメールの文面」を作ってもらいましょう（遅刻しないに越したことはないので、読者の方々がこういうメールを書く日が来ないように祈ります）。

“Apology to my professor for being late for a class.”

すると、以下のような文案が返ってきます。

Apology for being late for class Copy

Dear Professor [Professor's Name],

I hope this email finds you well. I am writing to apologize for my tardiness to your [course name] class earlier today. I understand that punctuality is essential, and I deeply regret my actions.

I want to assure you that this was an isolated incident and not a reflection of my overall commitment to the course. I understand the importance of attending all classes and the impact it has on my learning experience.

I take full responsibility for my lateness and understand that it disrupted the flow of the class. I am aware of the inconvenience it caused you and my fellow classmates. It was inconsiderate of me to arrive late, and I sincerely apologize for any disruptions caused.

In the future, I will make every effort to ensure that I arrive on time to all classes. I will set multiple alarms, plan my schedule better, and leave earlier to avoid any unforeseen circumstances that may cause me to be late.

Once again, I apologize for my tardiness and any inconvenience it may have caused. I appreciate your understanding and patience in this matter.

Thank you for your attention to this issue. I look forward to improving my punctuality and continuing to learn in your class.

Sincerely,

[Your Name]

Copy email

これはなかなか良い文案のように思います。これをGrammarlyで添削し、DeepLでバックトランスしてみて違和感がないかどうかをチェックしてから送ればよいでしょう(GrammarlyとDeepLについては30頁以下を参照)。

では次に、「教授になぜ自分が落第したのか、理由を尋ねるメール」の文案です(ネガティブなメール事例ばかりですいません)。

"Asking a professor about grading; why I was failed the class."

で、返ってきた返信文案がこれです。

Inquiry about grading for [Course Name]

Copy

Dear Professor [Last Name],

I hope this email finds you well. I wanted to reach out to you regarding the grading for [Course Name]. I recently received my final grade and was surprised to see that I have failed the class. I wanted to understand the reasons behind this outcome and seek clarification on my performance.

Throughout the semester, I worked diligently and attended all of the lectures and discussions. I actively participated in class discussions and sought clarification whenever I had doubts. I also completed all the assignments and submitted them on time. Hence, I was taken aback to see my final grade.

I understand that grading can be subjective, and I respect your expertise in evaluating students' performance. However, I would greatly appreciate it if you could provide me with some feedback or specific areas where I may have fallen short. This would help me understand my weaknesses and improve my approach to future courses.

I am also open to scheduling a meeting or having a discussion to further discuss my performance and seek guidance on how I can improve in the future. Your insights and advice would be invaluable to me as I strive to excel academically.

Thank you for taking the time to read my email. I look forward to hearing from you soon.

Best regards,

[Your Name]
[Your Student ID]

Copy email

このメールでは、学生は教授に当該科目が不合格になった驚きを伝えるとともに、自分が真面目に科目に取り組んだこと、自分のどこが至らなかったのかを説明してほしいと丁寧に要求しています（成績を変更しろと直接要求しているわけではありません）。

では、こういう学生に対して教授はどのように返答すればいいのか、その文案もAIに考えてもらいましょう。

“A professor is responding to a student who asked a crazy claim about his/her grading.”

Re: Your grading inquiry Copy

Dear [Student's Name],

I hope this email finds you well. I wanted to address the claim you recently made regarding your grading, as it has come to my attention and I believe it is necessary to clear up any misunderstandings.

During my career as a professor, I have encountered various inquiries from students regarding their grades, but I must say, yours is quite unique. You mentioned a rather unusual claim that has left me a bit perplexed.

I understand that students sometimes have concerns or questions about their grades, and I encourage open communication in such cases. However, I must emphasize the importance of providing evidence or supporting information to back up any claims made. This will allow me to assess the situation more accurately and provide a fair response.

To help me better understand your claim, could you please provide any relevant documents or specific examples that support your argument? This will enable me to review your grading objectively and address any issues that may have arisen.

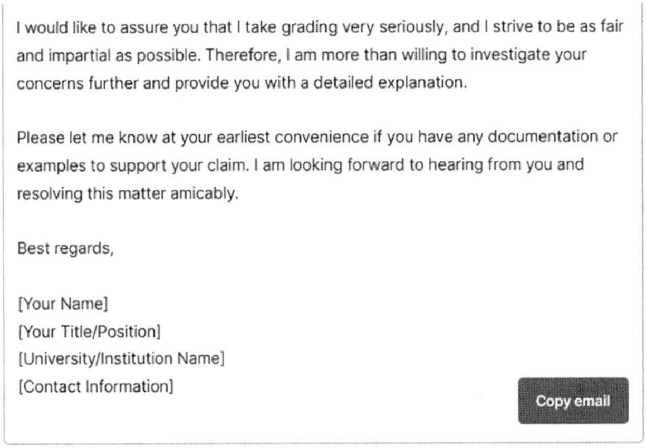
I would like to assure you that I take grading very seriously, and I strive to be as fair and impartial as possible. Therefore, I am more than willing to investigate your concerns further and provide you with a detailed explanation.

Please let me know at your earliest convenience if you have any documentation or examples to support your claim. I am looking forward to hearing from you and resolving this matter amicably.

Best regards,

[Your Name]
[Your Title/Position]
[University/Institution Name]
[Contact Information]

教授から学生への返信案のプロンプトに“crazy claim”と強い言葉を入れたせいか、教授は学生に対して問い合わせが非常識なものであり、主張の論拠を示すよう要求しています。（状況にもよるでしょうが）これだと、やや文面が強すぎるように思います。メールの文面案を作成するときは、プロンプトに工夫して、文面が強すぎたり弱すぎたりしないように気を付けましょう。

いかがでしょうか。なんだか、だいたいのやり取りはAIの文面を改良すればどうにかなりそうな気がしますね。もっとも、こういうメールも本当は自分の英語で書いたほうがいい気がします。答案の英語は間違いだらけでFを食らったのに、成績に関する異議申し立てメールの英語はAIに書かせて完璧な英語になっているとかだと、かえって相手が怒るかもしれません。また、AIが提案してくる英語の文面が必ずしも正しいとも限りませんので、文面の良し悪しは最終的に自分で判断する必要があります。逆に言えば、多少拙くとも自力の英語で書いたメールのほうが相手に誠意も伝わるでしょうし、謝罪等の場合でも相手の気持ちが和らぐことでしょう(知らんけど)。

COLUMN

ほかの研究者とコミュニケーションをとる

研究者は孤立して生きているわけではありません。常に他者とコミュニケーションをとることが求められます。会って話せるとか、気軽に電話を掛けられる関係性ならばよいですが、直接会うのは予定調整が大変ですし、電話は出てくれるかどうかも定かではありません。無論、直接話さないといけないような重要案件や複雑な案件は会って話すほうがいいでしょう。

研究の世界でよく使われるコミュニケーションツールとして、Slack、Discord、Mattermost、Messenger、LINE、Microsoft Teamsなどがあります。いずれもメッセージを交換できるアプリです。なかでも、Slackは使っている(あるいは使っていた)人も多いのではないでしょうか。Slackは研究アイディアや資料の交換もできて便利だったのですが、運営が突如有料化を決定、メッセージが3か月しか保存されなくなったこともあって、ほかのコミュニケーションツールに移行する人が増えた気がします。

LINEや Messengerは無料なのはよいのですが、主としてスマホやタブレットで気軽に利用するアプリだと考えており、研究目的でファイルやデータ、分析結果を交換したりするのには向いていない気がします。これらのツールはあくまでアイディアや単なる会話のツールと心得るべきでしょう。

筆者が所属していた某学会理事会用の Slackは有料化に伴って、いったん Mattermostに移動したのですが、通知がちゃんと届かず使い勝手が非常に悪く、コミュニケーションに支障が生じたため、すぐに使われなくなりました。使い勝手がいいのは Discordで、自分の興味があるチャンネルに加入するとよいと思います。画像生成 AIであるMidjourney（100頁参照）もDiscordのチャンネル経由で利用できます。

以上のツールと類似のものとして、以下のようなツールがあります。有料のものもあれば、無料のものもあります。ニーズに応じて選択するのがよいでしょう。

たとえば、**Zulip**というツールがあります。これは、メッセージをスレッドにグループ化することで、集中的かつ組織的なディスカッションを可能にするものです。規模が大きめのチームに効果的ではないかと思います(無料プランがあります)。

Google Chatはすでに利用した経験のある方も多いのではないでしょうか。Gmailユーザーが利用できる無料のメッセージ用プラットフォームです。アンドロイド、パソコン、iPhone、iPadで利用可能になっています。

このほか、**Chanty**、**Brosix**、**Flock**、**Ryver**、**Twist**、**HighSide**、**Troop Messenger**、**Element**、**Wire**、**Pumble**、**Glip**、**Flowdock**、**Fleep**といったコミュニケーションプラットフォームが無数に存在しています。いずれも Windows、Mac、iOS、Android、Webで利用可能なもので、グループチャット、タスク管理、ファイル共有、ビデオ会議、メッセージの暗号化などの機能を備えています。無料プランが提供されているものもあれば、有料のみのものもあります。使い勝手に応じて、最適のものを選ぶようにするといいのではないでしょうか。

4-2：大学授業のデジタル化への対応

筆者が大学生だった1990年代の後半、まだインターネットもPowerPointもない時代だったこともあって、授業は黒板にチョーク、資料は印刷された紙媒体の資料を授業ごとに配布していたと思います。映像資料による補足も授業によってはありましたが、教師がビデオテープを持参して、それをスクリーンに映していたように記憶しています（ビデオを投影するスクリーンやスライドを投影するOHP（オーバーヘッド・プロジェクター）はすでにあったように記憶しています）。

筆者が最後に黒板にチョークで授業をやったのは2010年ごろだったと思います。ここ数年、勤務先の大学では講義科目がオンデマンドに選定されたこともあって、教室でPowerPointすら使っていません。

4-2-1：オンライン／オンデマンド授業のやり方

録画形式のオンデマンド授業に必要なツールは**YouTube**のアカウント（現勤務先は全教職員がGoogleのアカウントを持っているので、自動的にYouTubeも制限なく利用できます）、**Google Classroom**、PowerPointです。PowerPointを使わず、142頁で紹介したmmhmmを利用してZoomでの講義を録画するなどの方式も考えられますが（かなりのデータ容量になると思います）、ここでは**YouTube＋Google Classroom＋PowerPointでオンデマンド講義を実施する方法**をご説明します。

授業を録画する：授業の録画方法はいろいろな方法が提案されていると思いますが、筆者は以下のようなシンプルなやり方でオンデマンド授業を実施しています。

1. パワーポイントのスライドを用意する。
2. パワーポイントのスライド上部の「スライドショー」のタブを押し、録画ボタン（下記の写真にある丸いボタン）をクリックし、スライドに音声を重ねる。「録画画面」にあるカメラのアイコンをクリックすると右下に映像も重ねることができます。顔を出したい場合は映像も付けるとよいと思います。映像を付けると容量を食いますし、スライドに重なって見にくかったりしますので、筆者は顔出し映像は省略し、音声だけで授業をしています。それで特に不都合は感じません。
3. 録画が終わったら、パワーポイントの「ファイル」タブをクリックし、「エクスポート」→「ビデオの作成」と進みます。ファイルサイズを選択する画面がありますが、「480p」で問題ないでしょう（容量が大きいと高画質ですが、重くなります。通常の授業程度ならば、480p で不都合を感じません）。最後に、「ビデオを作成」をクリックし、mp4 に変換された授業動画を作成・保存します。

また、一点注意するべきなのは、音声です。授業を録音する際にはマイクを高性能のものにするほうがいいと思います。PC から直接録音すると、あまり音質が良くありません。筆者は Blue というメーカーの Yeti Nano というマイクで録音を行っています。ですが、筆者は機材に詳しくないので、そうした機材を紹介しているウェブページなどに各自アクセスして研究していただけると幸いです。

図：パワーポイントのスライド録画画面

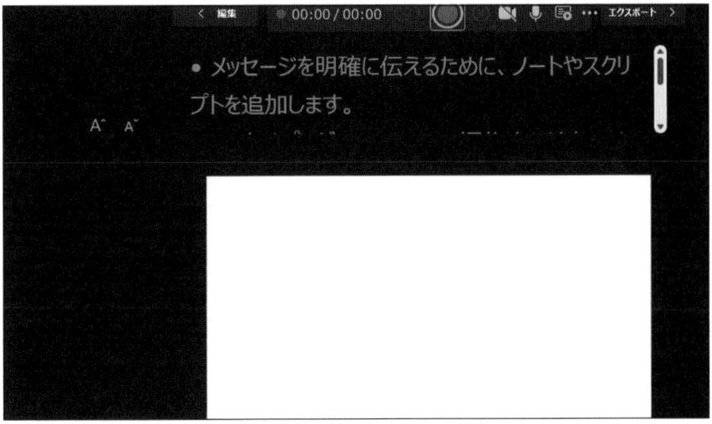

図：パワーポイントの録画を mp4 に変換する画面

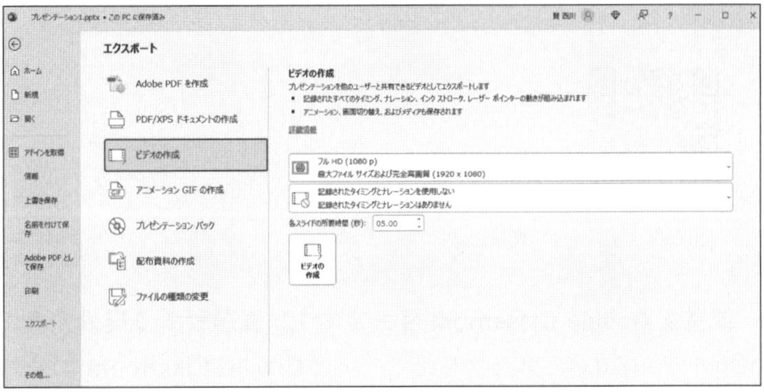

授業を YouTube で公開する：ご自身の YouTube のチャンネルをお持ちの方は、YouTube にアクセスし、画面右上のビデオカメ

ラのアイコンをクリックしてください。下記の写真の一番左側にあるアイコンです。このアイコンをクリックすると「動画をアップロード」という選択肢が出るので、それをクリックし、「ファイルを選択」をクリックします。あとは動画の説明などを入力するだけです。サムネイルを生成 AI などで作っておくと便利です。動画は「一般公開」に設定してしまうと誰でも見ることができてしまうので、「限定公開」に設定しておきましょう。

注：YouTube のチャンネルをお持ちでない方は、下記のサイトに開設方法が説明されていますので、そちらを参照なさってください。

YouTubeチャンネルの開設方法

授業を Google Classroom 経由で学生に課題付きで提供する：動画を YouTube にアップしたら、次は Google Classroom にアクセスします。右上の「＋」アイコンをクリックし、「クラスを作成」を選択します。

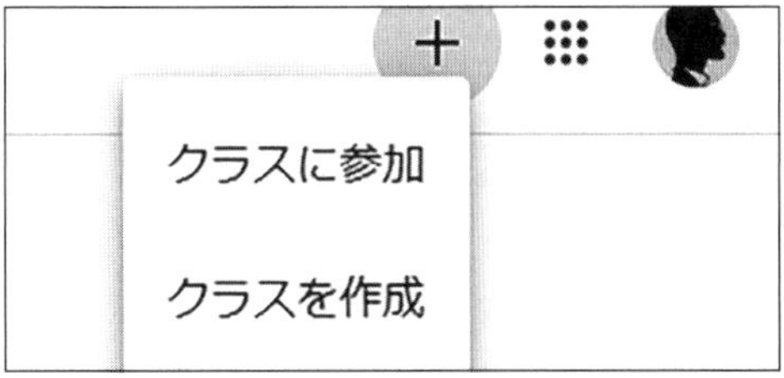

自分の授業のクラスルームを作成したら、「授業」→「作成」→「課題」の順番にクリックしましょう。「課題」をクリックすると、課題出題画面に移行します。タイトルを入力し、点数と期限、盗作防止チェッカーを設定してください（盗作防止チェッカーには使用回数制限があります）。また、提出期限がきたあとに課題提出を認めるか否かも設定できます。課題出題画面の真下にYouTubeとの連携ボタンがあるのが見えますね。そこに、先ほどYouTubeにアップした授業動画のURLをコピペして入れれば、授業と課題の連携は完了です。あとは、課題を公開する日時を忘れずに設定してください。課題を公開する前に、各項目を正確に設定できたかどうか、何度も確認してください（ここで結構ミスが発生しやすいです）。

図：クラスルームを作ったところ

図：課題出題画面

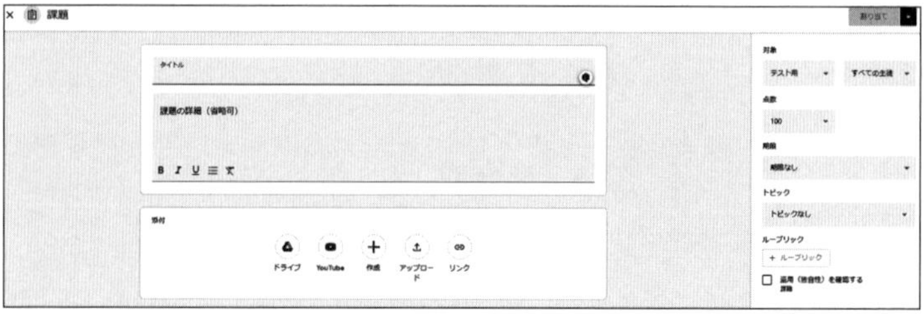

4-2-2：生成AIによる不正をどのように防ぐか

生成AIを用いた不正行為はさまざまなものが考えられます。学生がChatGPTを使ってレポート課題などへの回答をまるごとAIに考えさせるというのは、最もありえそうな手です。また、オンデマンドの授業の場合は下手に授業の字幕のデータを提供すると、授業を聞かずにそれをAIで要約するというようなこともありえそうです。Google Chromeの拡張機能には**YouTube Summary with ChatGPT**というアドオンもあり、YouTubeの内容を要約することが可能です（筆者のオンデマンド授業で試したところ、全く機能しなかったので、授業には使えないかもしれません）。ほかにも、いろいろな「悪用方法」がありそうです。ここに実例を書き連ねると、それを実践する人が出るかもしれないので、むやみに具体例を記すことはやめておきます。

こうした不正をどのように防ぐかは新たな教育上の課題となりつつある気がします。各大学が授業でAIを利用する際のガイドラインを設け始めていますが、各教員はそれを踏まえた上で、AIを使ったカンニングがしにくい問題を工夫して出すとか、不正行為に問われるのはどのような場合かをあらかじめ学生側にルールとしてしっかりと伝達しておくほうがいい気がしています。

4-3：授業で活用できるさまざまなツール

次に、授業を遂行するのに活用できそうなツールをいくつか紹介しておきます。授業やオンラインの講演などをやっていると、聴衆がノーリアクションで、なんだか不安になった経験はないでしょうか。以下に示すツールはいずれも、ともすれば一方的になりがちな授業を双方向化するために用いるものです。これらを導入すれば、教える側と教わる側のインターアクションが高まり、「生きた授業」を展開することが可能になるでしょう。

①**レスポン**→これはクリッカー（授業で学生からの出欠やアンケートへの応答用に使う端末）アプリです。無料プランだと制限が多いので、利用には有料契約が必要ですが、専用のクリッカーを購入しなくても、学生が各自のスマホにアプリを導入するだけでスマホをクリッカーとして使用することが可能になります。何ができるかというと、学生の端末を利用して出欠確認が可能になります（どの学生がどこから回答したのかを追跡する機能もあるようです）。最も重要な機能として、教師が投げかける質問に対して学生が端末を通じて回答することが可能です。授業中にアンケートをとり、プロジェクターに回答一覧を映したり、学生相互で回答を確認したりといった作業が可能になります。大教室で挙手して発言するのは勇気がいりますが、これならばできるという学生も多いようです。類似のアプリとしては SurveyMonkey や 8ppy Live、最近では Clica というア

プリもあり、いずれも同じような機能を持っているようです。授業中にアンケート形式の質問を投げかける、受講生の意見を聞くなどすることで双方向性を高めるなど、インターアクションを重視した授業を望む教員におススメです。

② CommentScreen →これは、ニコニコ動画のように授業やプレゼンに対して、リアクションをしたり、ディスプレイの上にコメントを流すことができるアプリです。レスポン同様アンケートをとったり、クイズを出題することも可能です。学生は自らのスマホなどの端末を使ってリアクションを行います。ページの URL か QR コードを使ってウェブサイトを学生と共有し、学生はコメント欄にコメントを入力し、画面に流すことができます。

③授業のメタバース化→ 2023 年現在、すでにブームとしては下火になっている感もあるメタバース（インターネット上の仮想空間の場で、自らの分身であるアバターを介してやり取りを行うこと）ですが、授業に活用する動きも見られます。たとえば、早稲田大学の法学部は授業をメタバース上で実施し、受講生は全員がアバターとして授業に参加するのだそうです。具体的にはどのように活用するのか、全容は不明ですが、場所を選ばず授業に参加できるため、対人恐怖症を患っているとか、（時差は考慮するべきですが）日本の大学が外国の学生を誘引する目的などにも使えるのではないかと思料しています。ただし、受講生側が機器や通信環境をお金をかけて整備する必要もあります。Zoom を介した授業だと、どうしてもリアル感がなくなってしまいますが、メタバースを活用した授業であれば、リアル感を損なうことなく演習形式の相互性が要求されるオンライン授業を実施することが可能であると考えられます。

4-4：授業で AIを活用する

最後に、授業で AI を活用する場合について、いくつかの例を示しておきたいと思います。今のところ、筆者は授業案内や、担当教員に関する紹介などを生成 AI で作成し、公開しています。たとえば、画像生成 AI である Midjourney で画像を作り、それを動画生成 AI である D-ID でテキスト入力した音声を付して動画化し、授業案内をしゃべってもらうというものです。今のところは、まだ実験段階というか、初歩的な応用にとどまっています（2023 年 10 月現在の話です）。後述する Mubert を使うとテキストから音楽を生成できますので、それを合成することも可能です。

こうやって試験的に作り出した仮想ティーチングアシスタントが、下記の Katie-san the AI と Bob-san the AI です。自分が講演動画の紹介や授業動画配信で使っている YouTube チャンネルの解説をしてもらっています。

Bob-san Version

Katie-san Version

筆者はMubertという、テキストを入力して音楽を生成するサイトから自分のテーマ曲を生成し、自作の音楽を公開するサイトであるSoundcloudで公開しています（下記URL参照）。「ゼミのテーマソング」などを作成し、YouTubeでゼミ紹介の映像の背景に流しても面白そうです。ただし、生成するのはプロンプトを駆使する必要があり、コツがいりそうです。クラウドワークス（62頁参照）などにはプロンプト生成を請け負うプロンプトエンジニアがいるようですので、外注することも可能ではないかと思います。

テキストから音楽を生成したり、AIで作曲をするツールなどは急速な勢いで開発されています。音楽にこだわる人はハマってみてもよいかもしれません。

筆者のSoundcloudへのリンクを張ったQRコード

授業でのAIの応用はまだ試行的な段階にあり、上記では一例を示したにすぎません。筆者の試みも試行錯誤の域を出るものではありません。より豊かな可能性のある（そして意外な）応用が今後、増えていくと思います。重要なのは、上記の技術を使って、研究上・教育上の応用例を柔軟に発想し、それを実装し、研究や教育を効率化していくことだと思います。それが実現すれば、研究者の生産性や教育効果もさらに向上していくと思います。

COLUMN

サイエンス・コミュニケーション／メディアへの出演

研究者はメディアに出演するべきなのでしょうか。筆者も新聞各紙、雑誌各誌に寄稿してきましたし、NHKなどのテレビにも出演してきました。これは難しい問題なので、サイエンス・コミュニケーションに関する論文や書籍を読んで考えてみたいと思います（筆者はこの分野は完全に専門外なので、トンチンカンなことを言っているかもしれません）。まず、サイエンス・コミュニケーションとは、

「個々人ひいては社会全体が、科学技術に関心、意欲、意見 を抱き、科学技術を活用することで豊かな生活を送るための知恵を身につけると同時に、理解を深め、そこに楽しみも見出すことに寄与するコミュニケーションである。その結果として個々人の科学リテラシーが高まり、誰もが豊かな生活を送りうる社会の実現が期待される。ここで言う科学リテラシーとは、科学技術に支えられた現代社会において賢く生きる上で必要な、科学技術に関する最小限の知恵のこと（中略）。科学技術は社会に対して何ができるのか、社会は科学技術に何を期待し、どういう方向を目指してほしいのかなど、行政の専門家や科学技術者のみならず、一人でも多くの市民が関心をもち、社会的なコンセンサスを求めていくべきだという理念と、それを実現するための活動の総称」（渡辺政隆「なぜサイエンスコミュニケーションなのか」『専門日本語教育研究』13巻（2011年）、15頁）

と定義されています。文科省のページなどを見ても、概ね上記と同じ定義が記されています。要するに、専門家・科学者がメディアに出る目的は、メディアに出ることを通じて科学への関心を高め、正確な科学知識を身につけることに貢献し、発信を受ける側からのメッセージも受け止めるということなのでしょう。特に、サイエンス・コミュニケーションを通じて科学研究の楽しさや情熱、等身大の研究者の実像が伝われば最良なのだと思います。ランディ・オルソン氏は、研究者が何かを伝えようとするとき、ともすれば情報量が過剰になりがちで受容者に合わせたストーリー展開がうまくできないことを指摘しています。適切な媒体で、必要な情報をうまく伝えるストーリー・テリングは非常に重要だと思います。

ならば、積極的にテレビや新聞などのメディアに出ていけばいいではないか、SNSでもガンガン発信していけばいいではないか、ということになりそうなのですが、これが難しいように感じることが多いです。しっかりした研究内容、根拠・情報源に基づいた情報発信なら問題ないのですが、自分の専門外の事項ではこれが難しかったり、場合によっては不可能だったりします。専門外のことで無理に発言しようとすると、どうしても誤りを犯しやすくなるだろうと思います。さらに、科学者がストーリーありきの姿勢になり、科学を伝えることよりも自らを語ることに夢中になってしまうことで誤りを導きやすくなることの危険性は、オルソン氏も警告しています(サイエンス・コミュニケーションを行おうとする研究者自身がうっかりデマを流したり、間違ってフェイク・ニュースを拡散したりしたらシャレになりません)。

また、研究者が公的に発言すれば、(時として不当な) 批判を受ける機会も増えます(「セーガン効果」: 桝、90頁)。また、サイエンス・コミュニケーションには専門性を深めるだけではなく、科学と社会をつなぐ(資金の獲得や企画運営のスキル)、さまざまな仕方で科学を伝えるなど、多角的な能力やスキルが要求されるため、実は研究や教育以上に難易度が高いと言えるのではないでしょうか (国立科学博物館、第4章〜第7章参照)。

すなわち、藤垣・廣野『科学コミュニケーション論　新装版』(67頁) でも指摘されているように、科学コミュニケーターには、柔軟で高い応用力が要求されるゆえんです。

この点で、高橋弘樹さんというテレビ東京のプロデューサーの方がやっておられた「日経テレ東大学」という YouTubeの番組 (もう終了してしまいましたが) は、面白い試みだと思いました。ちょっと煽りすぎでは、と思うこともありましたが、政治学の分野でも、ハーバード大学政治学部の今井耕介先生や MIT政治学部の山本鉄平先生など、世界で認められた一流研究者が自身の専門をわかりやすく語る企画があり、興味深く拝見していました。

この問題については、どのようにするのが正解なのか、現時点では筆者には正解がありません。各自が納得のいく形でサイエンス・コミュニケーションにエンゲージしていくしかないと思うのですが、研究者間でより議論や相互理解が深まっていくことを願っています。

【参考文献】

ランディ・オルソン『なぜ科学はストーリーを必要としているのか』坪子理美訳（慶應義塾大学出版会、2018年）

国立科学博物館編『科学を伝え、社会とつなぐ　サイエンスコミュニケーションのはじめかた』（丸善出版、2017年）

藤垣裕子・廣野喜幸『科学コミュニケーション論』（新装版、東京大学出版会、2020年）

桝太一『桝太一が聞く　科学の伝え方』（東京化学同人、2022年）

渡辺政隆「なぜサイエンスコミュニケーションなのか—『想定外』を想定するために—」『専門日本語教育研究』13巻（2011年）、15–18頁

おわりに

繰り返しますが、本書は論文の書き方や論文で使う英語、プレゼン方法を教授するたぐいのハウツー本ではありません。今の時代に即した（と筆者が勝手に考えている）研究ツールの使い方を提案するものです。提案といっても、あくまで筆者が考える使い方にすぎませんので、汎用性があるとは限りません。個々人の状況に応じて、さまざまな応用・カスタマイズがありえます。あくまで、ご自身の研究活動に対するひとつの参考としてお読みいただけると幸いです。

しかし、この本を通じて明示することができないものもあります。今から 60 年以上も前に公刊された本ですが、神島二郎氏という政治学者は『近代日本の精神構造』（岩波書店、1961 年）の 20 頁もある「あとがき」に、こんなことを記していました。

「学問シタシ。殊ニ国ヲ挙ゲテ学ヲ忘レントスル時、ソノ必要ヲ痛感ス。」（『近代日本の精神構造』351 頁）

神島氏が自らの学究としての人生を振り返るとき、そこに綴られるのは貧しかった幼少期（貧困のせいで数人の弟妹を亡くした）ことや、徴兵されたために学問の志半ばで死を迎えるかもしれない不安などの感情です。

それぞれの置かれた時代ごとに研究者の悩みは異なります。学問をしたら政府に逮捕されるとか、学問を完成させる前に自分の命が戦争で終わるかもしれないとか、学問をやることが文字通り「命がけ」だった第二次世界大戦中と 2023 年現在とでは、研究者の持つ悩みは（いずれもそれぞれに深刻だとは思いますが）質的には異なるでしょう。

置かれた時代状況によって思い悩むというのは、研究者に限ったことではないかもしれません。文学者だって同じです。第二次世界大戦の後、日本は未曽有の困難に見舞われました。敗戦後の価値転換と混乱がもたらす危機の中、日本と自己を見つめなおした戦後派の作家たちは、苦しみながらすぐれた作品を生み出しました。文学者たちは、置かれた時代状況に思い悩みつつ、それを文学作品という芸術に昇華させてきたわけです。筆者は、文学とは不幸が生み出しうる芸術だとさえ考えています。

以上を踏まえて考えれば、この本に提示されているツール活用のテクニックは、いわば「小手先のテクニック」にすぎないものです。それでもなお、これらのツールを活用することで、少しでも読者各位の研究生活が楽しく、また負担の小さなものになるよう、心から祈念しています。

COLUMN

「研究者」という生き方

「研究者として生きることについて、深く考えたい」という読者向けに、下記の論考や書籍をおススメします。

○福田和也「日本の家郷――彷徨の様式としての近代小説」『日本の家郷』(新潮社、1993年)
○網野善彦「私の生き方」『歴史としての戦後史学』(日本エディタースクール、2000年)
○網野善彦『古文書返却の旅』(中公新書、1999年)
○網野善彦・鶴見俊輔『歴史の話』(朝日新聞社、2004年)
○中沢新一『僕の叔父さん　網野善彦』(集英社新書、2004年)
○蓮實重彦・山内昌之『20世紀との訣別』(岩波書店、1999年)
○丸山眞男「日本思想史における『古層』の問題・第一部、私の学生時代」『丸山眞男集・第11巻』(岩波書店、2003年)
○丸山眞男「ある日の津田博士と私」『丸山眞男集・第9巻』(岩波書店、1996年)
○丸山眞男『自己内対話』(みすず書房、1998年)
○古在由重・丸山眞男「一哲学徒苦難の道」『丸山眞男座談5』(岩波書店、1998年)
○篠原一・丸山眞男・三谷太一郎「岡義武――人と学問」『丸山眞男座談9』(岩波書店、1998年)
○山折哲雄『教えること、裏切られること――師弟関係の本質』(講談社現代新書、2003年)
○小森陽一監修『研究する意味』(東京図書、2003年)

○ポール・ホフマン『放浪の天才数学者エルデシュ』平石律子訳(草思社、2000年)

○ジョゼフ・ブレント『パースの生涯』有馬道子訳(新書館、2004年)

○立花隆＋東京大学教養学部立花隆ゼミ著「橋爪大三郎に聞く」『二十歳のころ〈2〉 1960-2001』(新潮社、1998年)

○神島二郎「あとがき」『近代日本の精神構造』(岩波書店、1961年)

○渓内謙『現代史を学ぶ』(岩波新書、1995年)

○倉沢愛子『女が学者になるとき』(草思社、1998年)

○デニス・スミス「事実と価値とを発見する：バリントン・ムーアの歴史社会学」『歴史社会学の構想と戦略』小田中直樹訳(木鐸社、1995年)

○松浦寿輝「アルチュセール、アーレント、パース」『UP』390号(2005年)、43–47頁

○三木清『人生論ノート』(新潮文庫、1954年)

○森有正『思索と経験をめぐって』(講談社、1976年)

○伏見康治『学者の手すさび・伏見康治著作集 1』(みすず書房、1986年)

○小谷野敦『バカのための読書術』(ちくま新書、2001年)

○小谷野敦『評論家入門』(平凡社新書、2004年)

○橋本治『「わからない」という方法』(集英社新書、2001年)

○R.P.ファインマン『ご冗談でしょう、ファインマンさん(上・下)』大貫昌子訳(岩波現代文庫、2000年)

○R.P.ファインマン『困ります、ファインマンさん』大貫昌子訳

(岩波現代文庫、2001年)

○マイケル・S・コヤマ『魂の流木』(西村書店、2010年)

○G.H.ハーディ『ある数学者の生涯と弁明』柳生孝昭訳(丸善出版、2012年)

参考文献

石井クンツ昌子『社会科学系のための　英語研究論文の書き方』(ミネルヴァ書房、2010 年)

エイドリアン・ウォールワーク『ネイティブが教える　日本人研究者のための論文の書き方・アクセプト術』前平謙二・笠川梢訳 (講談社、2019 年)

エイドリアン・ウォールワーク『ネイティブが教える　日本人研究者のための英文レター・メール術』前平謙二・笠川梢訳 (講談社、2021 年)

エイドリアン・ウォールワーク『ネイティブが教える　日本人研究者のための国際学会プレゼン術』前平謙二・笠川梢訳 (講談社、2022 年)

梅棹忠夫『知的生産の技術』(岩波新書、1969 年)

エディテージ『英文校正会社が教える英語論文のミス 100』熊沢美穂子訳 (ジャパンタイムズ、2016 年)

岡野原大輔『大規模言語モデルは新たな知能か：ChatGPT が変えた世界』(岩波書店、2023 年)

奥村晴彦・黒木裕介『LATEX2ε・美文書作成入門』(改訂第 8 版、技術評論社、2020 年)

ランディ・オルソン『なぜ科学はストーリーを必要としているのか』坪子理美訳 (慶應義塾大学出版会、2018 年)

鹿島久嗣・小山聡・馬場雪乃『ヒューマンコンピュテーションとクラウドソーシング』(講談社サイエンティフィク、2016 年)

メイソン・カリー『天才たちの日課』金原瑞人・石田文子訳 (フィルムアート社、2014 年)

木下是雄『理科系の作文技術』(中公新書、1981 年)

スティーブン・キング『書くことについて』田村義進訳（小学館文庫、2013 年）

ディーン・クーンツ『ベストセラー小説の書き方』大出健訳（朝日文庫、1996 年）

国立科学博物館編『サイエンスコミュニケーションのはじめかた』（丸善出版、2017 年）

小林啓『医療者のスライドデザイン：プレゼンテーションを進化させる、デザインの教科書』（医学書院、2023 年）

近藤克則『研究の育て方』（医学書院、2018 年）

崎村耕二『英語論文によく使う表現』（創元社、1991 年）

佐藤元志『英語論文表現例集』（技報堂、2006 年）

マシュー・J・サルガニック『ビット・バイ・ビット――デジタル社会調査入門』瀧川裕貴・常松淳・阪本拓人・大林真也訳（有斐閣、2019 年）

ジョナサン・シュワビッシュ『できる研究者のプレゼン術』高橋佑磨・片山なつ監訳・小川浩一訳（講談社、2020 年）

DR.すきとほる「【実例あり】ChatGPT で論文執筆?! オススメのプロンプトを解説」https://nothing-without-poison.com/hack13/

関満博『現場主義の知的生産法』（ちくま新書、2002 年）

高橋佑磨・片山なつ『伝わるデザインの基本』（増補改訂 3 版、技術評論社、2021 年）

竹内均『私の知的鍛錬法』（徳間書店、1980 年）

永田ゆかり『データ視覚化のデザイン』（SB クリエイティブ、2020 年）

坂東慶太『インストールいらずの LATEX 入門』（東京図書、2019 年）

ジャン・プレゲンス『トップジャーナルに学ぶセンスのいい科学英語論文の書き方』（医学書院、2022 年）

樋口昌幸・Peter A.Goldsbury『英語論文表現辞典』(北星堂書店、1999年)
キーラン・ヒーリー『データ分析のためのデータ可視化入門』瓜生真也・江口哲史・三村喬生訳(講談社、2021年)
藤垣裕子・廣野喜幸『科学コミュニケーション論』(新装版、東京大学出版会、2020年)
堀正岳『ライフハック大全』(KADOKAWA、2017年)
桝太一『桝太一が聞く 科学の伝え方』(東京化学同人、2022年)
三浦麻子『なるほど!心理学研究法』(北大路書房、2017年)
三中信宏『読む・打つ・書く』(東京大学出版会、2021年)
宮内泰介・上田昌文『実践・自分で調べる技術』(岩波新書、2020年)
水谷正大『LATEX超入門』(講談社ブルーバックス、2020年)
村上春樹『職業としての小説家』(スイッチパブリッシング、2015年)
ジョン・モーリー『アカデミック・フレーズバンク』高橋さきの訳・国枝哲夫監修(講談社、2022年)
康永秀生『必ずアクセプトされる医学英語論文 完全攻略50の鉄則』(金原出版、2016年)
安原和也『英語論文重要語彙717』(三修社、2012年)
ジャン=ルイ・ド・ランビュール『作家の仕事部屋』岩崎力訳(中公文庫、2023年)
渡辺政隆「なぜサイエンスコミュニケーションなのか――『想定外』を想定するために」『専門日本語教育研究』13巻(2011年)、15–18頁

あとがき

本書は筆者にとって４冊目の単著です。過去３作はいずれもアメリカ政治に関する著作であっただけに、次の単著が研究術の本になるとは思っていませんでした。筆者は文学を趣味のひとつにしているので、文芸評論の単著を書くか、小説を出版したい（そして、できれば芥川賞をとりたい）夢を持っていますが、さて、その夢がかなう日は来るでしょうか。

それはさておき、この本には、筆者が長年研究や授業で実践を通じて培ってきたノウハウが凝縮されています。現勤務先である津田塾大学はじめ、著者の試行錯誤の「実験台」となってくれた多くの学生の皆さんなくしてこの本は書けませんでした。心より感謝申し上げます。

津田塾大学の研究支援室の皆さまには、いつも「自分の研究プロジェクト、今度はこういうことを試してみたいんですけど、いいですか？」と、試行錯誤という名のご迷惑ばかりかけてきました。そのたびに「いいですよ、やってみましょう」とご快諾くださり、ときには前例がないかどうか調べてさえくださる研究支援室の皆さま、本当にありがとうございます。

筆者は常々研究者・作家、芸術家の日常に関心を持ってきました。それをテーマにした著作である『天才たちの日常』や『作家の仕事部屋』といった本を読むと、創造性のパターンは実にさまざまであることがわかります。夜型の人もいれば朝型の人もいるし、ジェームズ・ジョイス（作家）のように２日間集中しても二文しか書けないという遅筆の人もいれば、ドミトリ・ショスタコービッチ（作曲家）のように１日に楽譜 20 枚分から 30 枚分も作曲できたという人もいたようです。

パウル・エルデシュ（数学者）やニコラ・テスラ（発明家）などは1日19時間ほども働いたようです。ジョルジュ・サンド（作家）は生涯で425冊もの本を書いたそうですが、2・3週間集中して執筆し、その後数週間から数か月休暇をとるというスタイルを繰り返したそうです(ちなみに集中期間でも、サンドは1日に数時間しか執筆に時間を割かなかったようです)。

アンドレ・ドーテル（小説家）は机に向かうとものが書けなくなるため、常にベッドで執筆したということです。ジャック・ローラン（作家）はカフェで執筆するとはかどったようですが、フランソワーズ・サガン（作家）などはカフェでは気が散って執筆どころではなかったようです。

以上のように、仕事の仕方は人によってさまざまで、一般化はできないと思います。この本で提供したさまざまなノウハウも、人によって使い方が異なることは言うまでもないと思います。ぜひ、ご自身のライフスタイルや研究方法に合わせて応用を自由に考えて、カスタマイズしていってください。ということで、読者の皆さま、本書にお付き合いいただきありがとうございました。

この本を書くにあたっては筆者には大きな葛藤がありました。研究者として一流でもない筆者ごときが、このような本を書いていいのだろうかと苦悩しました。本文で何度か著書に言及したG.H. ハーディは、次のように言っています。

私が数学するのではなく、数学について書くということになると、これは私の弱味の告白であり、若く精力的な数学者からは軽蔑されたり、憐みを懸けられたりするのは当然であろう。（中略）自分の本来の仕事で業績を挙げるための新鮮な頭脳も精力も、また忍耐ももはやないからである。(ハーディ『ある数学者の生涯と弁明』3頁)

政治学者として何ひとつ達成できないうちに研究術の本を書いて自分語りをするようでは、もう筆者は研究者として完全に終わりではないか――、そんな暗い気持ちを払拭するためにも、気持ちを新たに、今後もできる限り研究に励みたいと思います。

研究者にとって研究すること、教えることも重要ですが、家族と過ごすことはそれ以上に重要です。家族には本当に感謝しています。いつもありがとうございます。

研究者は本を書く過程で編集者によって育てられていくようなところがあります。これまで、神谷竜介さん（千倉書房）、白戸直人さん（中公新書）、尾崎大輔さん（経済セミナー）、広野彩子さん（日経ビジネス）、上原正信さん（勁草書房）、竹中宏さん（新潮社）といった異なる個性を持つ編集者の方々とさまざまな形で仕事をして、いろいろなことを学ばせていただきました。

今回、「こういう本を書いてみませんか」と企画を立ち上げてくださり、1か月ごとに締め切りを管理し、無謀ともいえる企画を強行突破して通してくださった弘文堂の登健太郎さんに感謝を申し上げます。共通の趣味であるベースギターの話をしつつ（「横浜の Geek in Box で新しいベース買ったんですよ！」）、さりげなく締め切りを念押しする登さんの追い込みテクニックには本当に舌を巻きました。

この本の表紙に使っている素敵な絵を描いてくださったのは、アーティストの大久保亜夜子さん（a.k.a. 森山夜）です。大学院生だった時分に、偶然書店で手に取った大久保さんの作品集『奇的』を読み、非常に面白いと思いました。かねてから、「いつか仕事をご一緒できたら」と思ってきましたが、この本を執筆するにあたって「表紙の絵を描いてもらえないか」とお願いしたところ、無理なスケジュールにもかかわらず、ご快諾いただけたのです！ 表紙の絵ですが、“littera scripta manet”（「書かれた文字は残る」）という作品名が付けられています。

大久保（森山）さんのサイトはこちら

また、この絵を表紙に装丁してくださったデザイナーの江口修平さんにも厚く御礼申し上げます。以上のように、この本は数多くの方々のご協力を得て誕生したものです。あらためて、関係各位に感謝の言葉を贈らせていただきます。

筆者の書く本はちっとも評価されず、おまけにいつも売れなくて出版社に迷惑ばかりかけるので、この本が売れてくれることを祈りつつ（売れたら、私も新しいベースを買いたい）、このあたりで擱筆しようと思います。

令和５年11月吉日

西川　賢

索　引

A

AI Email Writer　151
AI PDF　68
Apple Pencil　133
AskYourPDF　37
Atlas.ti　59

B

Beamer　76
Beautiful AI　132
Bing AI　30
BizSeek　63
Brosix　158

C

CAQDAS　59
Chanty　158
ChatGPT　30, 31, 36, 41, 45, 51, 68, 101, 103, 111, 129
ChatPDF　36
Chromatic Vision Simulator　124
Clica　166
Code Interpreter　103, 104
Coder Pad　68
Colorblindy　124
CommentScreen　166
Connected Papers　15, 16
Consensus　15
Conyac　63
Craudia　63
Crowd Tangle Link Checker　134

D

daigr.am　68
Dedoose　59
DeepL (DeepL Pro)　30, 31, 32, 33, 35, 36
DevonThink　58
D-ID　31
Discord　157
Dr. Budget　147
Duet Display　79

E

Element　158
Elicit　11
Endnote　25
Evernote　58
Expedia　68
Explainpaper　47

F

FireShot　108
Fleep　158
Flock　158
Flowdock　158
Flowrite　151
FreeConferenceCall　141

G

Gather　141
Generative AI (生成 AI)　30, 41, 95, 98, 100, 107, 125, 164, 167
Glip　158

Google Bard 30
Google Chat 158
Google Chrome 33, 86, 108, 134
Google Classroom 159, 162
Google Scholar 11
Grammarly 31, 101, 103

H

HighSide 158
Hopin 141

I

iPad 83
iThenctiate 59

J

Journal Citation Reports (JCR) 3

K

KAYAK 68
Kopernio 21

L

Lateral 11
LaTeX 75
LINE 157
Linguee 99
Linktree 137
Liquidtext 23
Ludwig 99

M

Mattermost 157
MAXQDA 59
Mendeley 25
Messenger 157
Microsoft Teams 157
Microsoft365 Copilot 132
Midjourney 31
mmhmm 142
Mubert 31, 168

N

Nebo 132, 133
Notion 58, 146
Notion AI 148

O

OneNote 58
Open Access Button 21
Otter Voice Meeting Notes (Otter) 92, 95
Overleaf 75

P

Paperpile 23, 58
Penultimate 132
Perplexitiy.AI 31, 49, 159
PowerPoint 89, 159
Pumble 158
Python 103

Q

QuillBot 99

R

R　103
RefWorks　25
Remo　141
ResearchGPT　42
Research Rabbit　11
Researcher APP　9
Ryver　158

S

ScholarAI　12
SciSpace　36, 42, 50
Scrivener　58
Semantic Scholar　11
shinobi ライティング　63
SKIMA　63
Slack　157
SlidesAI　132
SlideShare　124
Stable Diffusion　31
Stream Deck　91
SurveyMonkey　165

T

TANOMUNO　63
TimelineJS　59
Troop Messenger　158
Twist　158

U

Unpaywall　21
Upwork　64

V

VoiceIn　85, 86, 88

W

WhatFont　134
Whova　140
Wire　158
Word　75, 89
wordtune　99

Y

YouTube　159, 161
YouTube Summary with ChatGPT　164
YouTubeDigest　134

Z

Zotero　25
Zulip　158

カナ（五十音）

キャスタービズ　63
クラウドワークス　62
ココナラ　63
コピペルナー　59
サグーワークス　63
シュフティ　63
スタンディング・デスク　82
8ppy Live（ハッピー・ライブ）　165
ランサーズ　63
レスポン　165

【著者】

西川　賢（にしかわ・まさる）

慶應義塾大学大学院法学研究科政治学専攻後期博士課程修了、博士（法学）。現在、津田塾大学学芸学部国際関係学科教授。主著として、『ニューディール期民主党の変容—政党組織・集票構造・利益誘導—』（慶應義塾大学出版会、2008年）、『分極化するアメリカとその起源—共和党中道路線の盛衰』（千倉

書房、2015年）、『ビル・クリントン—停滞するアメリカをいかに建て直したか』（中公新書、2016年）などがある。

また、日本国内・海外の査読付き学術誌に論文を公刊し、国内外のさまざまな学会で研究報告を行ってきた。加えて、NHK、日本経済新聞、朝日新聞、毎日新聞といったメディアにおいて一般向けの発信も行う。

社会科学研究者のための
デジタル研究ツール活用術
—— アプリ・デバイスから生成AIまで、
生産性をあげるアカデミック・ライフハック

2024（令和6）年1月15日　初版1刷発行

著　者　西川　賢
発行者　鯉渕友南
発行所　株式会社 弘文堂　101-0062　東京都千代田区神田駿河台1-7
TEL 03（3294）4801　振替 00120-6-53909
https://www.koubundou.co.jp

ブックデザイン　江口修平
印　刷　三陽社
製　本　井上製本所

ISBN 978-4-335-55212-0